Bergisch macht

Kunst & Kultur für alle

Die KünstlerInnen der Gruppe Neun e.V.
und Freunde stellen in der RheinBerg Galerie aus

vom 29.4. – 9.5.2015

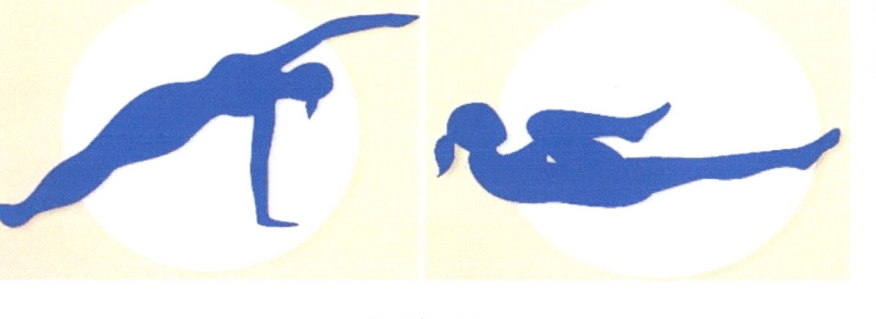

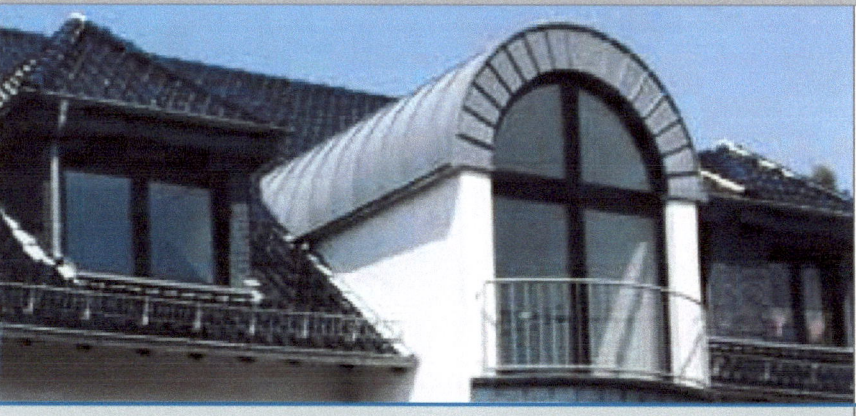
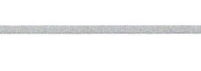
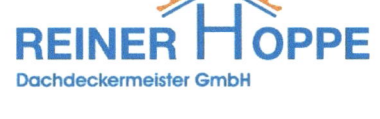

La Voce

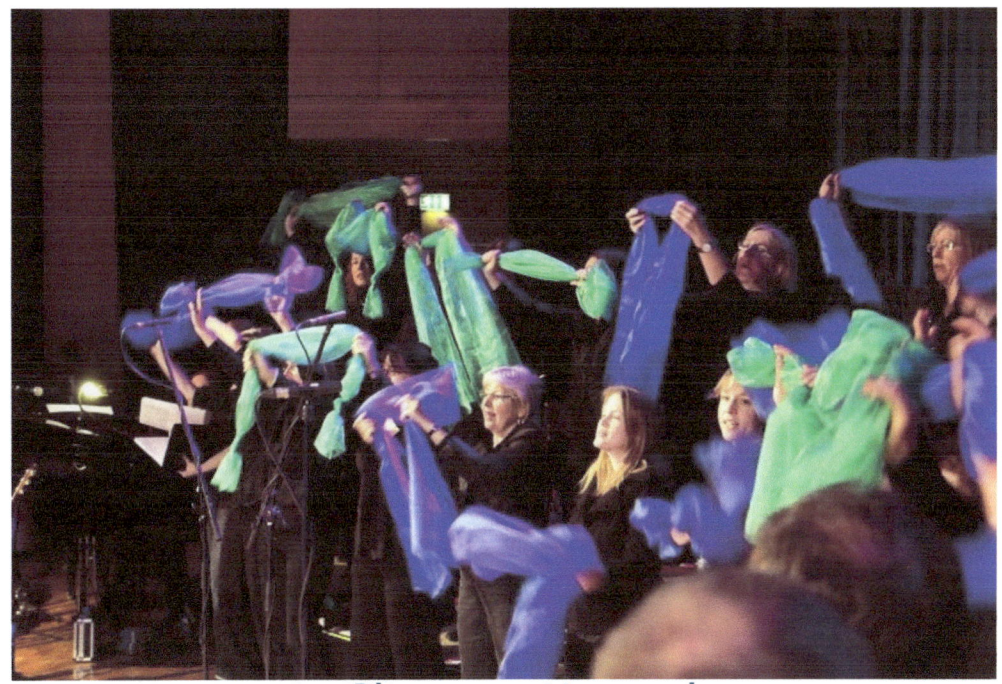

Chor aus Honrath

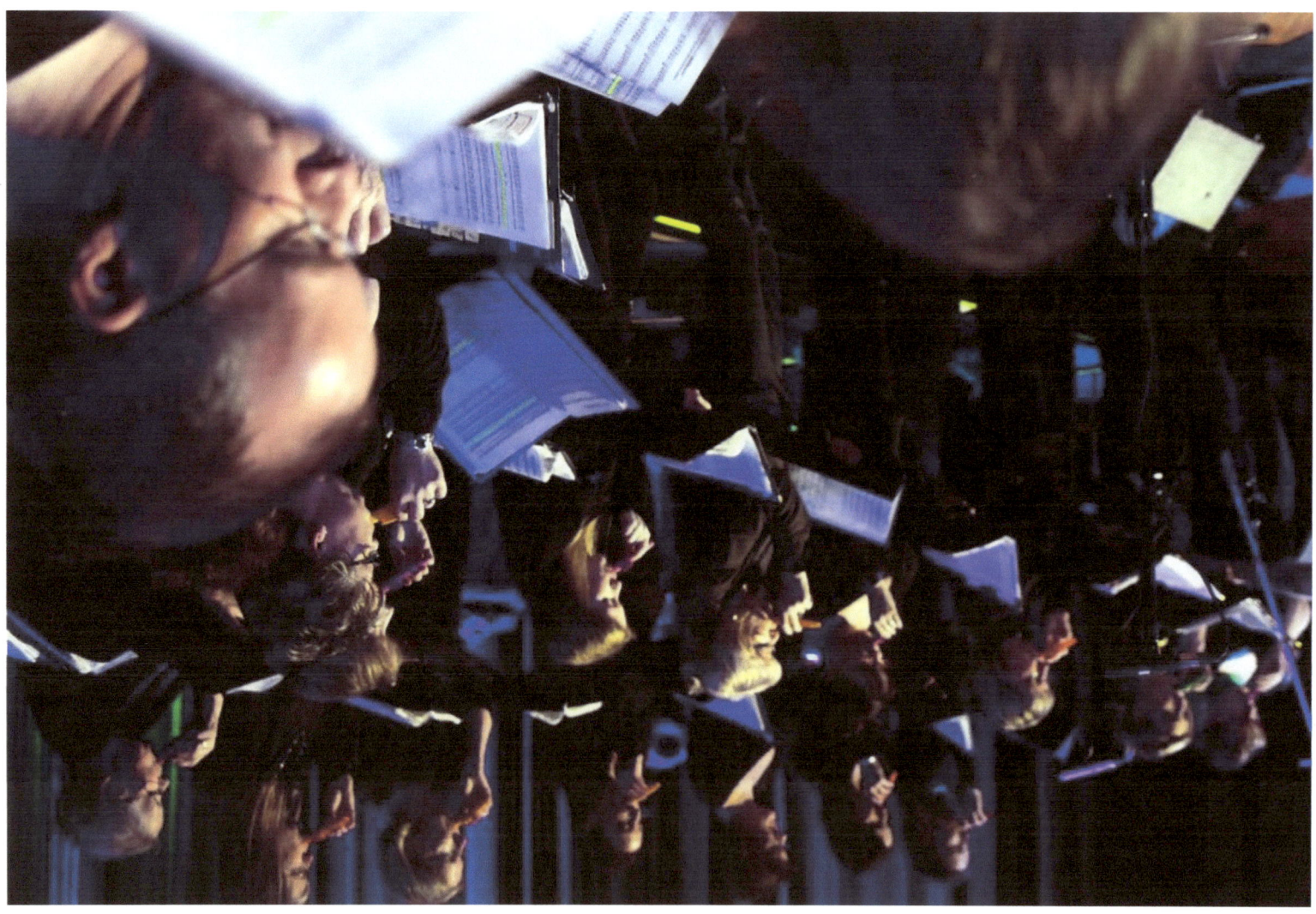

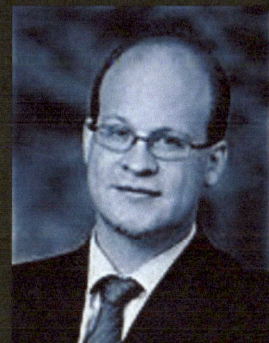

David Roth, Geschäftsführer des Bestattungshauses Pütz-Roth

Schirmherr der Ausstellung der GRUPPE NEUN in der RHEINBERG GALERIE

»Der wahre Sinn der Kunst liegt nicht darin, schöne Objekte zu schaffen. Es ist vielmehr eine Methode, um zu verstehen. Ein Weg, die Welt zu durchdringen und den eigenen Platz zu finden. Kunst gibt der Seele Nahrung.«
(Paul Auster, *1947)

Ein wunderbarer Gedanke, den der amerikanische Schriftsteller Paul Auster da formuliert hat.

Seit Gründung des Hauses der menschlichen Begleitung im Jahr 1993 spielt Kunst in der Auseinandersetzung mit Tod und Trauer für uns eine bedeutende Rolle. Trauerbegleitung beschränkt sich für uns nicht auf Mitgefühl, Gespräche, Beistand leisten, sondern sie kann mithilfe der Kunst der Trauer Ausdruck verleihen. Kunst ist somit immer auch Erinnerung.

Kunst im öffentlichen Raum kann ebenfalls zur Erinnerung anregen und sie kann Denkanstöße liefern, die Welt aus einer anderen Perspektive zu betrachten. Normalerweise kommt Kunst ganz gut damit aus, dass wir alle nur Betrachter – manchmal sogar Staunende – sind. Mir war das immer schon zu wenig. Ich brauche den Kontakt zu Künstlern wie den Mitgliedern der GRUPPE NEUN. Der persönliche Austausch verstärkt den Kunstgenuss.

Künstler und ihre Kunst gehören mitten ins Leben, eben an einen Ort wie die RHEINBERG GALERIE. Ich bin der Meinung, dass Kunst so oft wie möglich außerhalb von Museen gezeigt werden sollte. Auch deshalb unterstütze ich als Schirmherr dieses Projekt.

Viele Menschen entdecken nach einem Todesfall die heilende Kraft der Kreativität. Ich sehe es als eine meiner wichtigsten Aufgaben an, diese Kreativität bei Trauernden zu wecken und zu fördern. Kunst kann in jeder Lebenssituation helfen, man muss sie nur sehen und dazu hilft es manchmal, die Kunst zu den Menschen zu bringen.

Bergisch Gladbach, im März 2015

Ihr David Roth

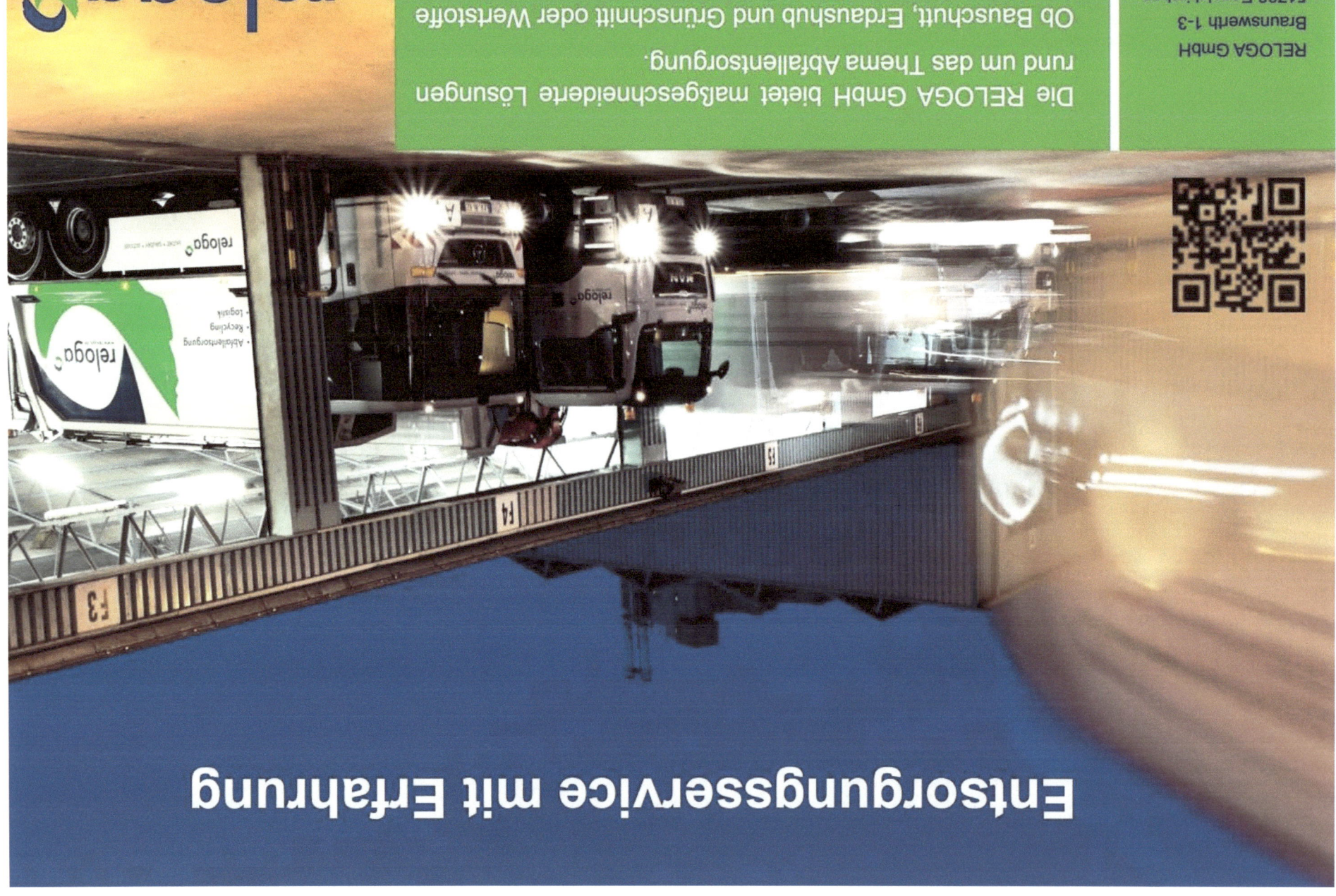

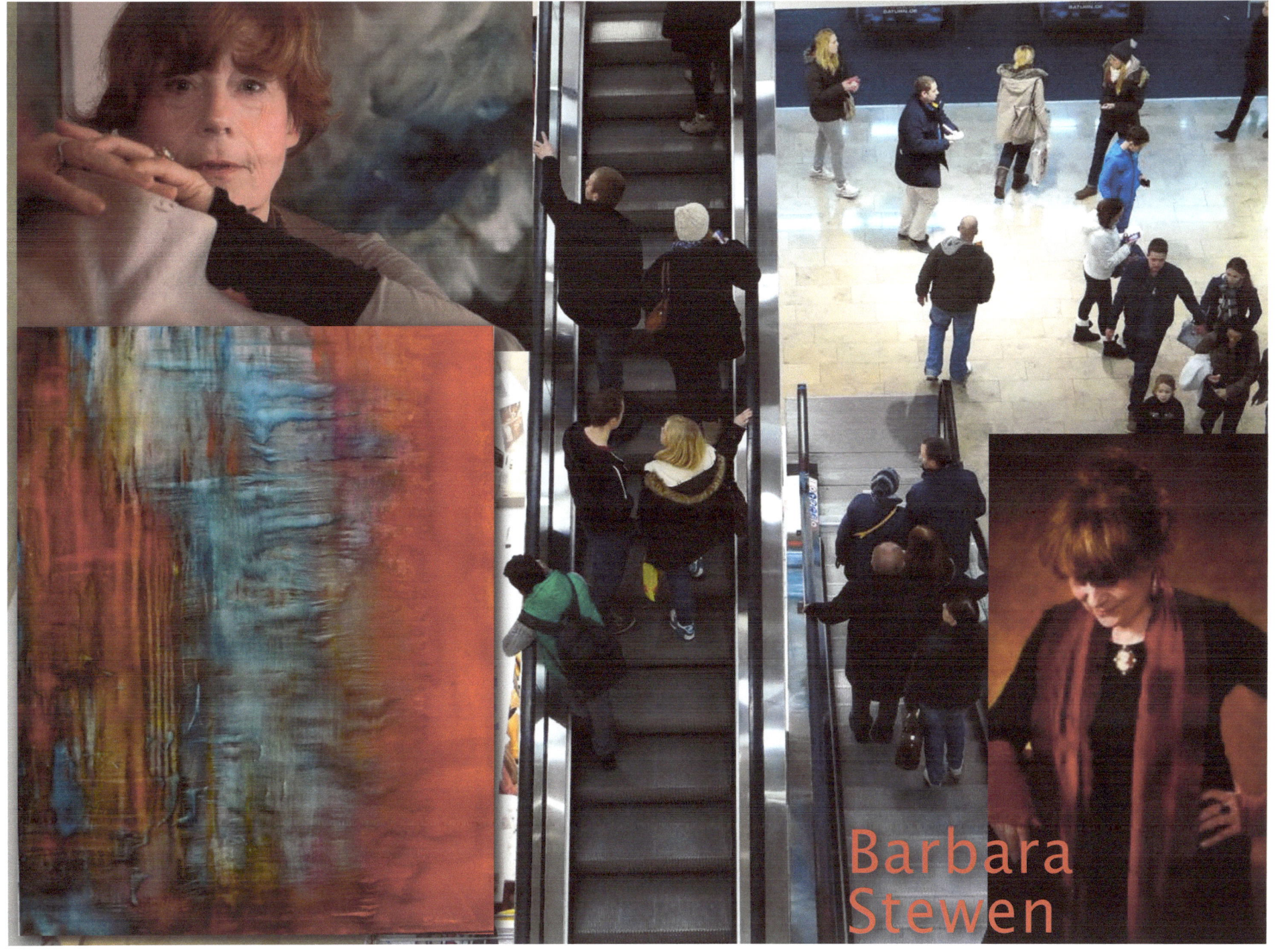

Barbara
Stewen

Barbara Stewen

- geboren 1944 in Litauen
- aufgewachsen in Westfalen
- Lower Cambridge Examination in London
- Krankenschwester im In-u. Ausland
- Kriminalbeamtin im Ruhrgebiet
- Maltechnik 1983-1986 bei dem Surrealisten Arnold Krause (*1948 – 1987+) in Bergisch Gladbach

- November 2013 – Januar 2014 Jubilate Forum Lindlar: "Farbe zeigen"
- Januar – Februar 2011 Bundesanstalt für Straßenwesen Bergisch Gladbach (BASt): "konkret & abstrakt"
- Januar 2010 VR Bank Rösrath „Kontraste: Zeichnungen, Ölmalerei und Collagen"
- 2011,2009, 2008, 2006 FENEX-Ausstellungen in der Hauptstraße 266 in Berg. Gladbach, Schloßstraße Bensberg
- 2008 Alter Bahnhof Marienheide „Eisen im Feuer"
- 2008 im Kulturpunkt Wipperfürth „Faces, Menschen im Park"
- 2007 im Ratssaal Lindlar „Farben, Leinwand, Holz und Scherben"
- Oktober-Dezember 2006 „FENEX"- Ausstellung, Bensberg, Schlossstraße
- 2006 Hauptstelle der VR-Bank in Wipperfürth
- Pfarrkirche Hohkeppel mit dem Werk „PAX für meinen Bruder"
- Februar 2006 in der Galerie „Tanke" in Halver
- 1998 Ausstellung zur Eröffnung des neuen Rathauses Lindlar

- Juni 2014: Kap-Hoorn ART "Die Sechste" zArtbitter, Hafen-Ateliers Bremen
- April – Mai 2014: Künstlerforum Bonn: BBK-Jubiläumsausstellung "20 - 40 - 60"
- März 2014 Kulturhaus Zanders Bergisch Gladbach: AdK-Ausstellung "Übergänge"
- Oktober 2013: AdK-Werkschau 2013, Atelierhaus-Galerie A24 im Technologiepark Bergisch Gladbach
- Oktober 2013 Städtische Galerie Villa Zanders: Benefiz-Auktion "Kunst tut gut"
- September 2013 Kunsthaus Troisdorf "alles rund", Ausstellung des BBK Rhein-Sieg

- November 2012 Altes Pfandhaus Köln "Lichterloh, Kunst zündet", Jubiläumsausstellung der GEDOK Köln
- August – Oktober 2012 Kunstraum Kieser Bergisch Gladbach: "Darf's ein bisschen mehr sein"
- 16. – 28.10.2011: "Der BBK Rhein-Sieg e.V. präsentiert seine neuen Mitglieder", Kulturzentrum Hardtberg Bonn
- 30.11.2011: Benefiz-Versteigerung „Kunst tut gut", Städtische Galerie Villa Zanders Berg. Gladbach
- September 2011: "TAKE FIVE", Atelierhaus-Galerie A24 im Technologiepark Bergisch Gladbach
- 19.10.2010: Benefiz-Versteigerung „Kunst tut gut", Kulturhaus Zanders Berg. Gladbach

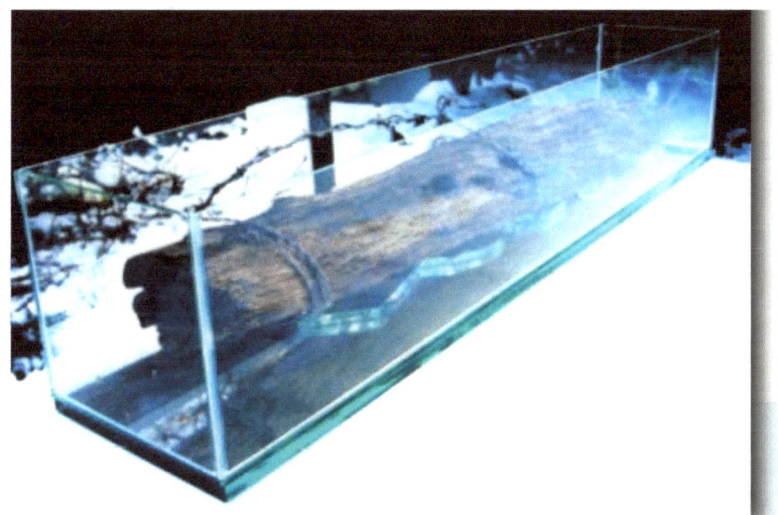

„In den Bildern werden die spielerische Leichtigkeit und der unbeugsame Ernst in der Umsetzung ihrer Themen deutlich" (KStA 18.01.2011).

„Die Werke Stewens sind "nie nur da" – sie setzen Nadelstiche." (Bergische Landeszeitung 16.05.2007)

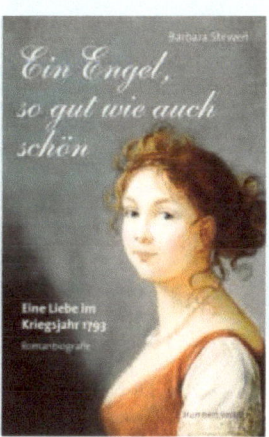

„Barbara Stewen ist ein Multitalent. Die Lindlarerin war Kriminologin, ist bildende Künstlerin, beschäftigt sich intensiv mit literarischen Themen...." (KStA 17.07.2013)

In der Rheinberg-Galerie möchte ich über Goethes letzte Liebe lesen.

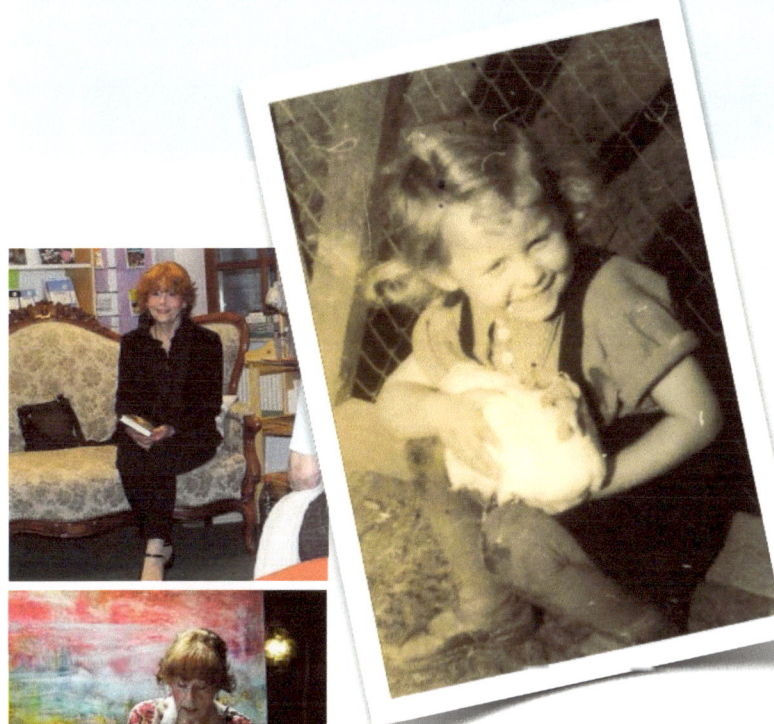

„Goethe und das Fräulein Ulrike von Levetzow".
Inhalt: An Hand von Briefauszügen wird die Beziehung der beiden Liebenden – Goethe und Ulrike in den Jahren 1821 – 1823– aufgefädelt. Briefe von Zeitzeugen, wie: Ottilie von Goethe, Caroline von Humboldt, Charlotte von Schiller, und Goethes Freund Karl-Friedrich Zelter. Hofft der 74-jährige Goethe vergebens?

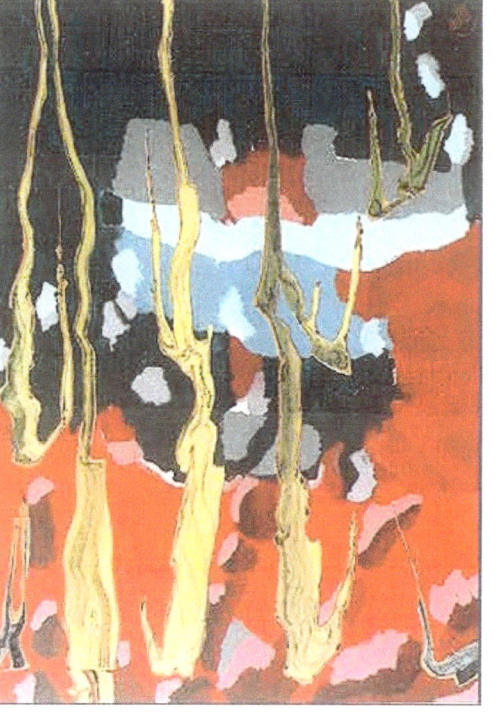

Friedrich Stefan Meis

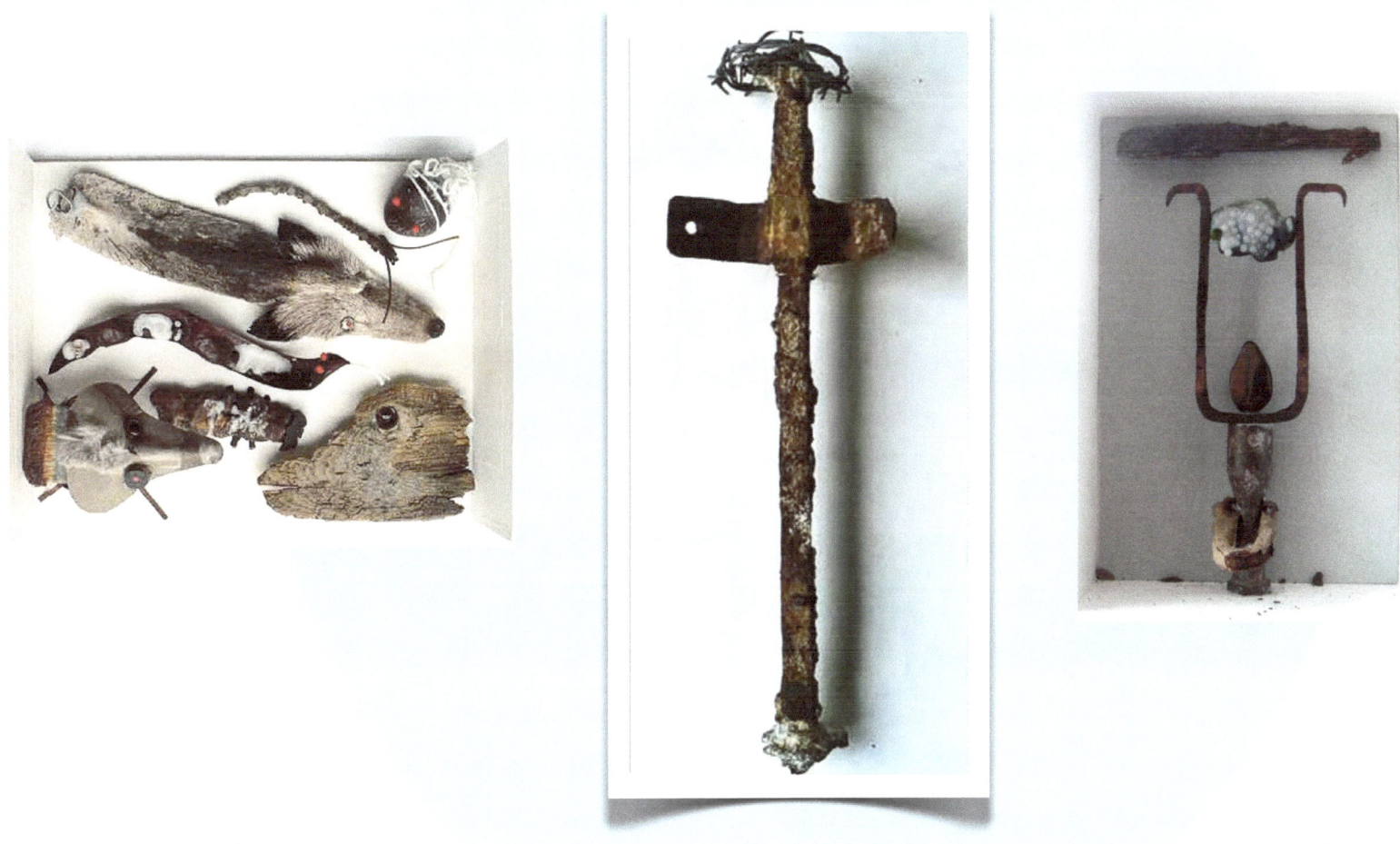

Objekte

Friedrich Stefan Meis

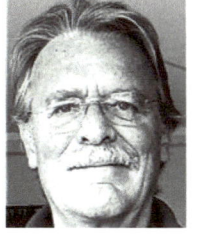

Jahrgang 1946, geboren in Marl.

Studium der Architektur und Stadtplanung an der RWTH Aachen.

Plastik bei Prof. E. Hillebrand, Aquarell bei Prof. H. Berke.

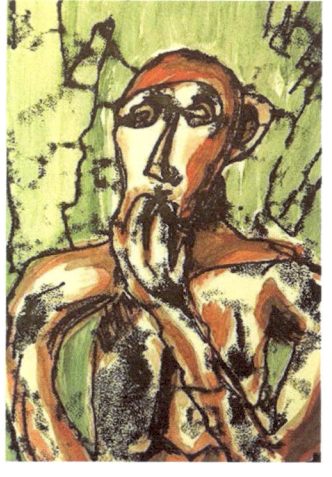 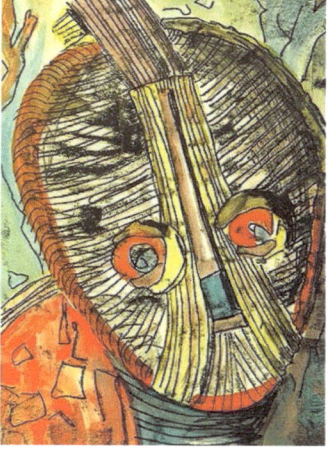 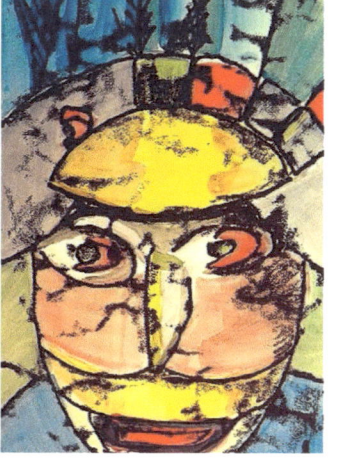 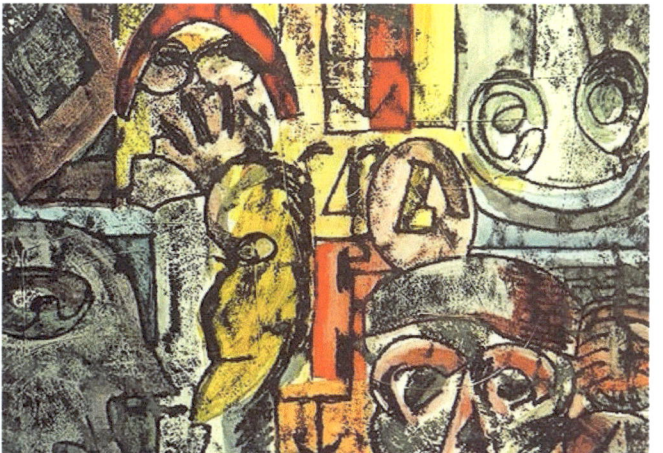

Projektleitung und Gutachter für Selbsthilfe-Wohnungsbau in Lateinamerika.

Seit 1999 „Vollzeit – Künstler"

Vertiefung Öl und Acryl bei Fr. Prof. B. Kraemer, Aquarell bei N. Munnes

Einzelausstellungen u.A. in Köln, San José Costa Rica, Buenos-Aires, Wuppertal, Nideggen, Hilden.

Klassischer Beginn, langsamer Weg in die Abstraktion, vielfältig neugierig auf neue Materialien, kleine Bronzen, Skulpturen.

z.Zt. Hauptinteresse bei Objekten, Gefundenes wird in neue Situationen gebracht.

art pauly

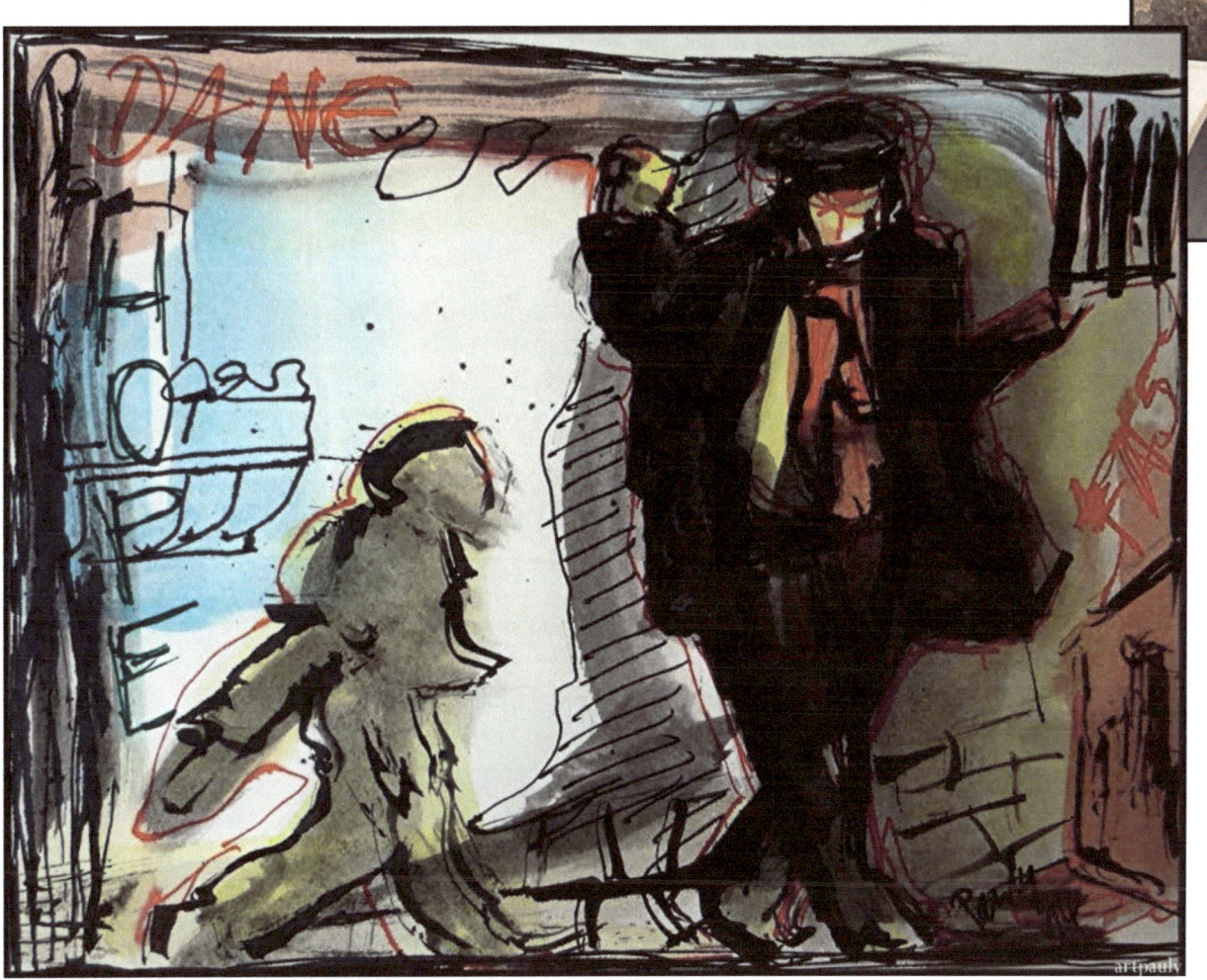

Wahrscheinlich ist alles
schon gesagt worden –

aber längst nicht alles gemalt

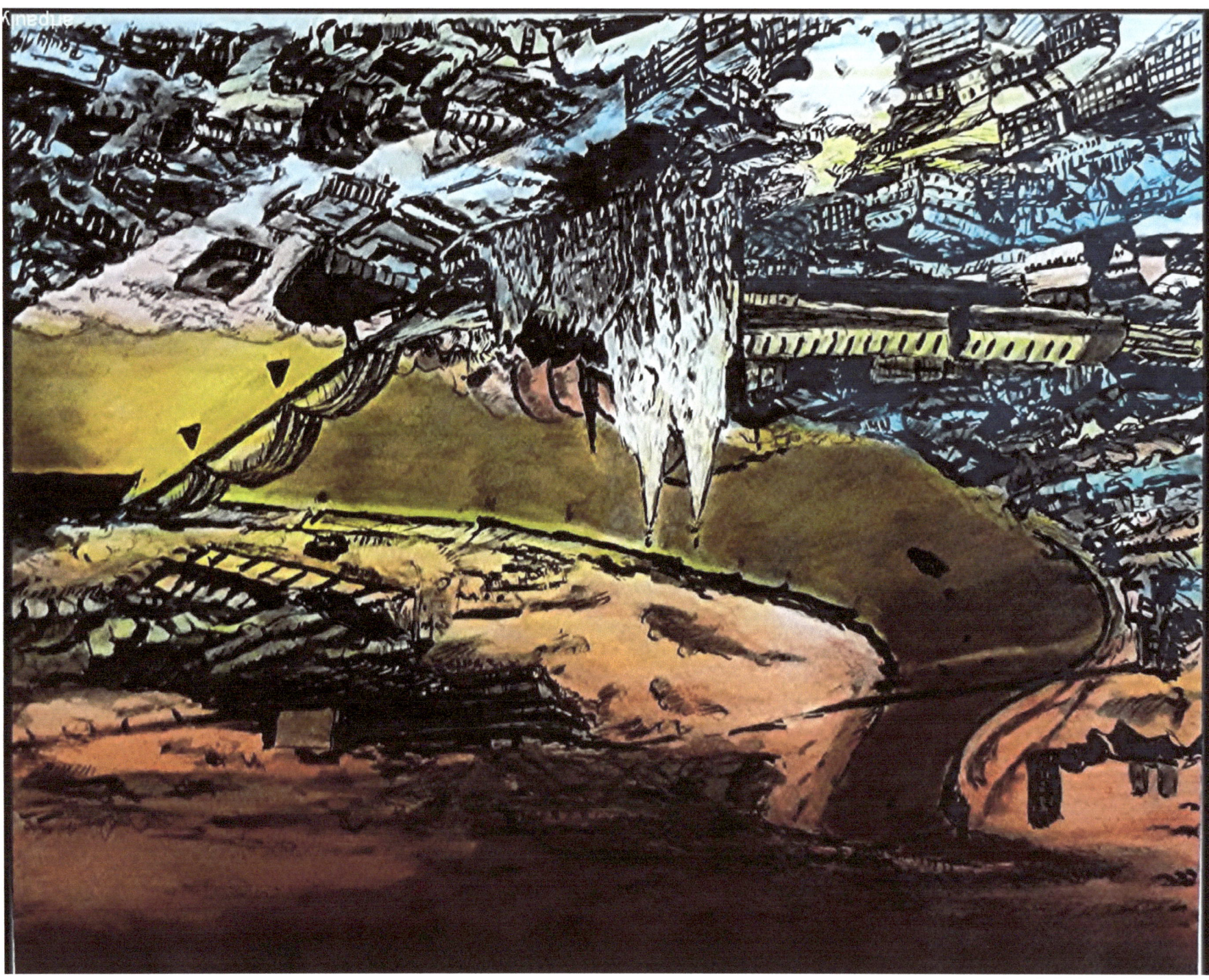

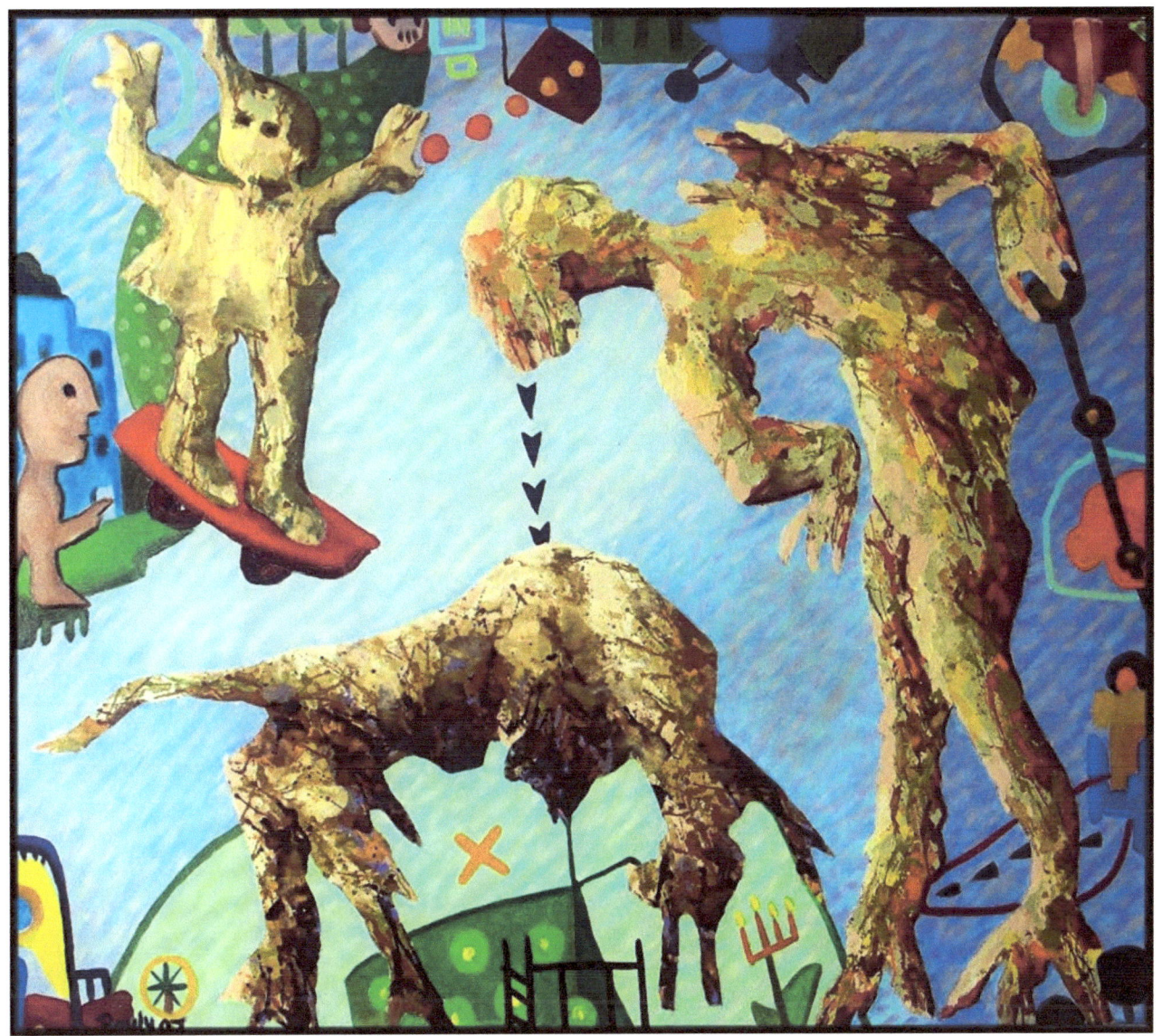

Verbeugung vor dem Mammon

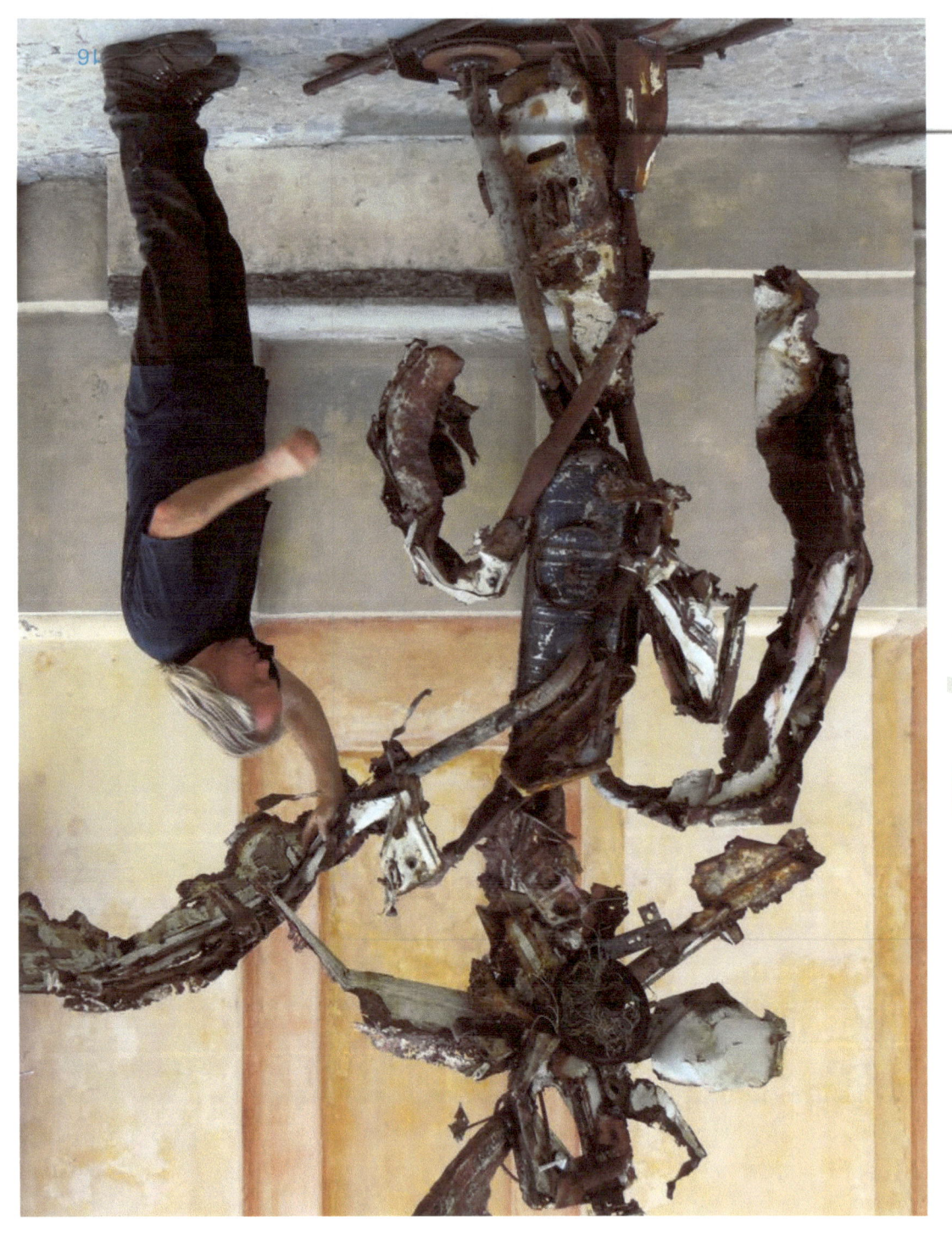

Rumpf

Odo

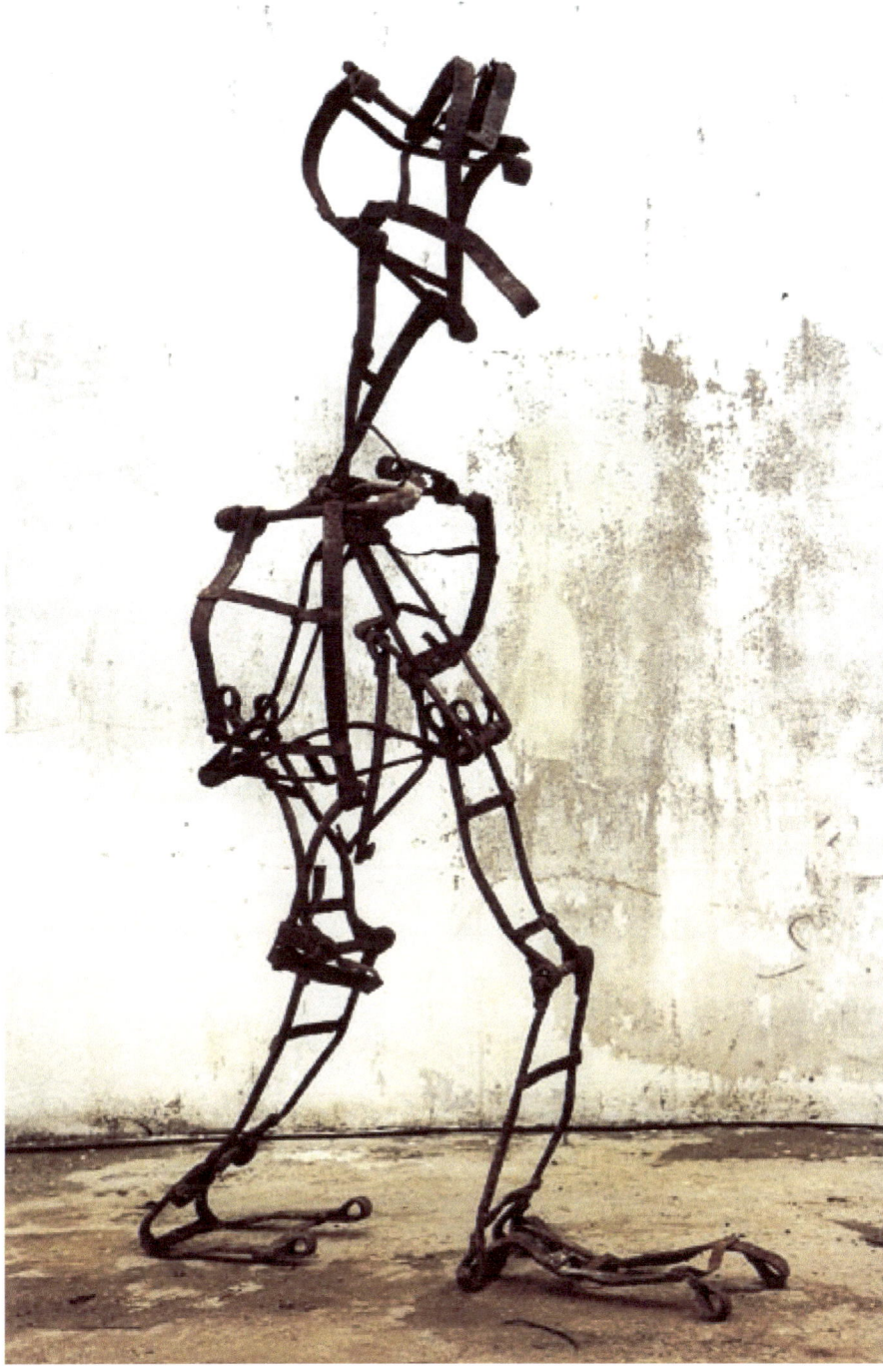

Odo Rumpf

- Dipl.-Ing. Maschinenbau (RWTH Aachen)

- Kunststudien und Mitarbeit bei Prof. Thomas Vimich (Kunstakademie Braunschweig

- seit 1991 Künstleranerkennung, Prof. H.P. Schall, Akademie Düsseldorf

- seit 2005 1. Vorsitzender des Kunstvereins AG Leverkusener Künstler

- Kunstvereine Canthe, Hückelhoven, 1992
- Deutsche Zentrale für Tourismus, New York, 1993
- Kunstverein Stolberg, 1994
- Städtisches Museum Troisdorf, Burg Wissem, 1998
- Städtisches Museum Schwedt/Oder, 1999
- Kunsthaus Bocholt, 2001
- Euregionale Monheim, 2002
- Friedrich-Ebert-Stiftung, Yaoundé, Kamerun, 2003
- Landesgartenschau Trier, 2004
- Landesgartenschau Leverkusen, 2005
- Kulturinstitut, Galerie Phönix, Moskau, 2005
- Kunstverein Erkelenz e.V., „Kunsttransfer", Heinzberg, 2006
- Centro Espositivo Rocca Paolina, Perugia, Italien, 2006
- Galerie am Werk, „15 Jahre Retrospektive", Leverkusen, 2006
- Umweltministerium, Berlin, 2008
- Kunst- und Ausstellungshalle der Bundesrepublik Deutschland, Bonn, 2009

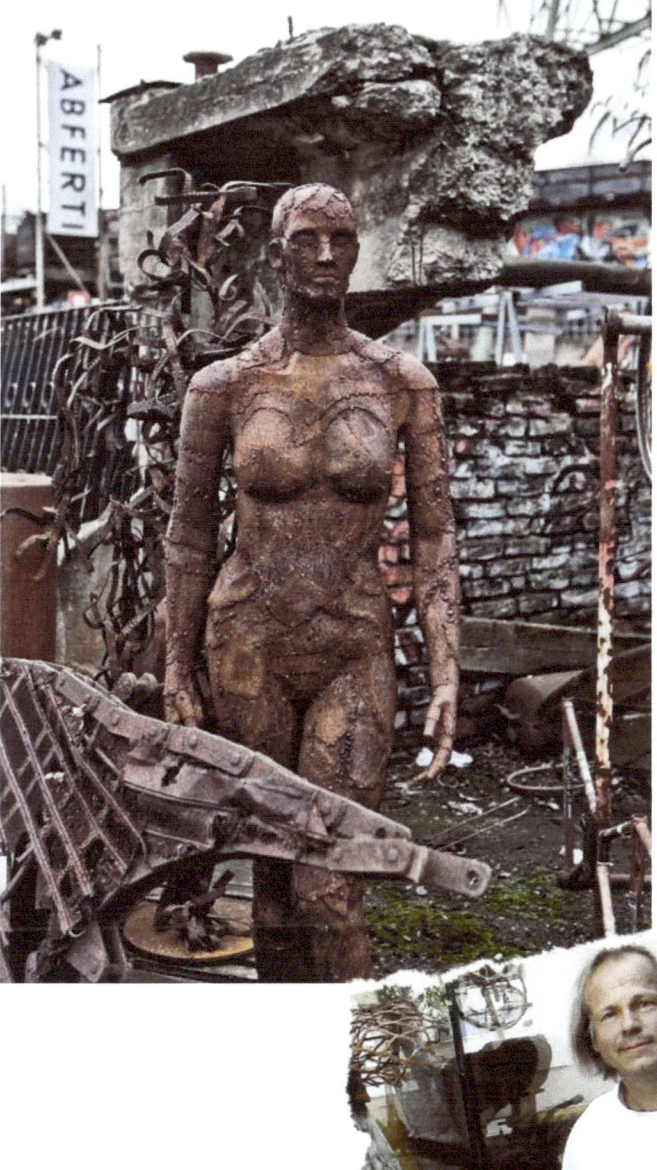

- ArToll, Sommerlabor, Kleve, 2001
- DPE „Baustelle A", Duisburg, 2001
- Alpha – Omega, Albufeira, Portugal, 2003
- Sparkassenstiftung Starkenburg, Kustwege im Odenwald, 2003, 2005, 2006
- Friedrich-Ebert-Stiftung, Yaoundé, Kamerun, 2003
- Festival International des Arts Plastiques, Maharès, Tunesien, 2004
- Arlberger Kulturtage, St. Anton, Österreich, 2006
- " Dialoque Cities: Turku – Cologne", Euro. Kulturhauptstadt Turku Finnland, 2011
- Internationales Kunstfestival „Old House New Art", Izmir, Türkei , 2014

Grossskulpturen im öffentlichen Raum (Auszug)
- „Solarvogel", Rheinpromenade, Köln
- „Archos Palingenius", Skulpturenenvironment über 200 Meter, Monheim
- „Solarblume" und „Recyclist", Solarkinetische Skulpturen, NaturGut Ophoven, Leverkusen
- „Baustelle A", Skulpturenenvironment, Businesspark Niederrhein, Duisburg
- „Quelle", Brunnenskulptur, Thermalbad Arcen, Niederlande
- „Velociraptor", Kreisverkehrsinseln, Leverkusen und Monheim
- „Afrique", Friedrich-Ebert-Stiftung, Yaoundé, Kamerun
- „Röhrender Hirsch", „Hommage an den Odenwald", „Santa Messina", Kunstwege im Odenwald
- „greeter", Skulpturenpark Maharès, Tunesien
- „Max", Windkinetische Skulptur, Rheinpark Leverkusen
- „Blume der Freundschaft", Solartechnische Skulptur, INDA Gymnasium, Aachen
- „Inter-Galactical-Tourist", St. Anton, Österreich
- „Solarblume", Solarkinetische Skulptur, Stadtwerke München
- „Sonnenfänger", Solar-Licht-Skulptur, Stadtwerke Geldern
- „New Moon Fairy", Platz Galleria Maaret Finnberg, Turku, Finnland
- „Zeitmaschine", Kinetische Plastik, Bagevi-Hotel, Urla (Izmir), Türkei

Ausstellungen (Auszug)
- Kunstvereine Canthe, Hückelhoven, 1992
- Deutsche Zentrale für Tourismus, New York, 1993
- Kunstverein Stolberg, 1994
- Städtisches Museum Troisdorf, Burg Wissem, 1998
- Städtisches Museum Schwedt/Oder, 1999
- Kunsthaus Bocholt, 2001
- Euregionale Monheim, 2002
- Friedrich-Ebert-Stiftung, Yaoundé, Kamerun, 2003
- Landesgartenschau Trier, 2004
- Landesgartenschau Leverkusen, 2005
- Kulturinstitut, Galerie Phönix, Moskau, 2005
- Kunstverein Erkelenz e.V., „Kunsttransfer", Heinzberg, 2006
- Centro Espositivo Rocca Paolina, Perugia, Italien, 2006
- Galerie am Werk, „15 Jahre Retrospektive", Leverkusen, 2006
- Umweltministerium, Berlin, 2008
- Kunst- und Ausstellungshalle der Bundesrepublik Deutschland, Bonn, 2009

Bücher aus dem

Günther

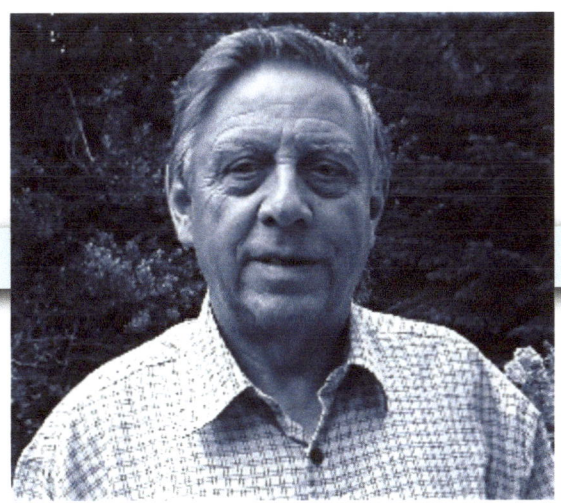

Paffrath

Bergischen Land

Schon als Kind eng mit der Natur und Landschaft verbunden, übernahm **Günther Paffrath** als passionierter Landwirt den elterlichen Betrieb. Später Studium der Pädagogik, Lehrer, inzwischen im Ruhestand.

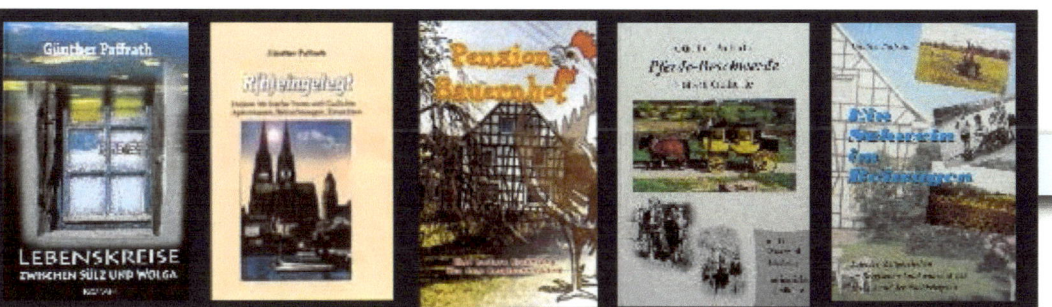

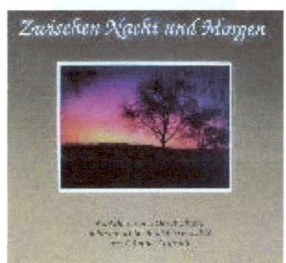

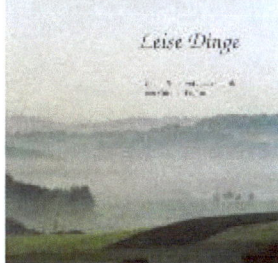

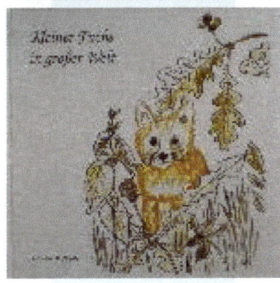

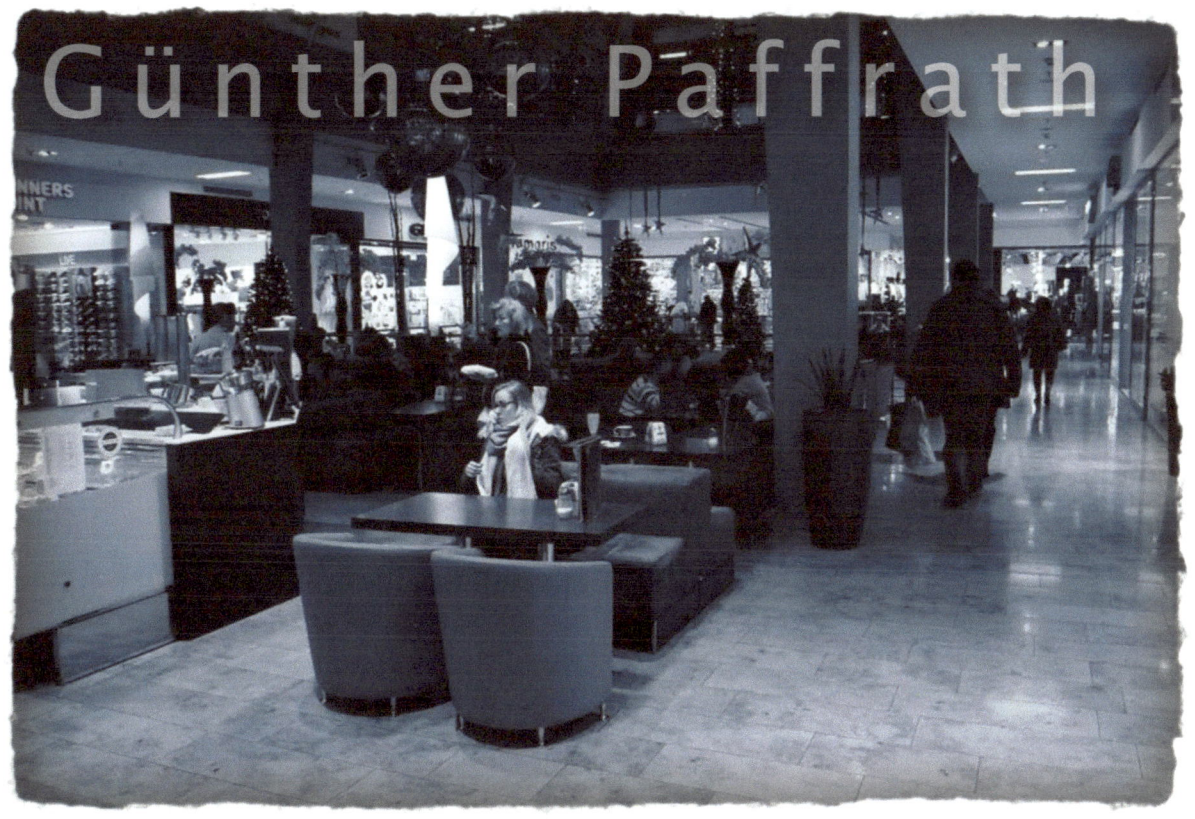

Günther Paffrath

Neben zahlreichen Veröffentlichungen und
Anthologien, Jahrbüchern und
heimatkundlichen Schriften erfolgte die
Herausgabe einer Reihe von Büchern.

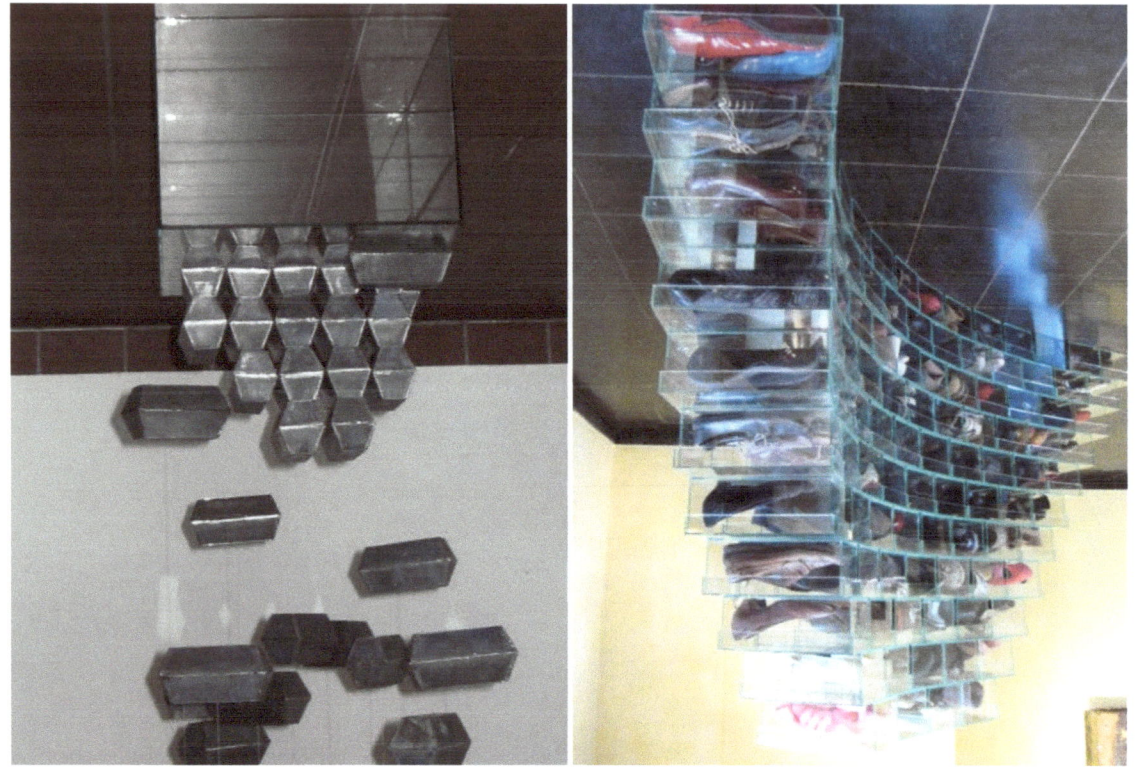

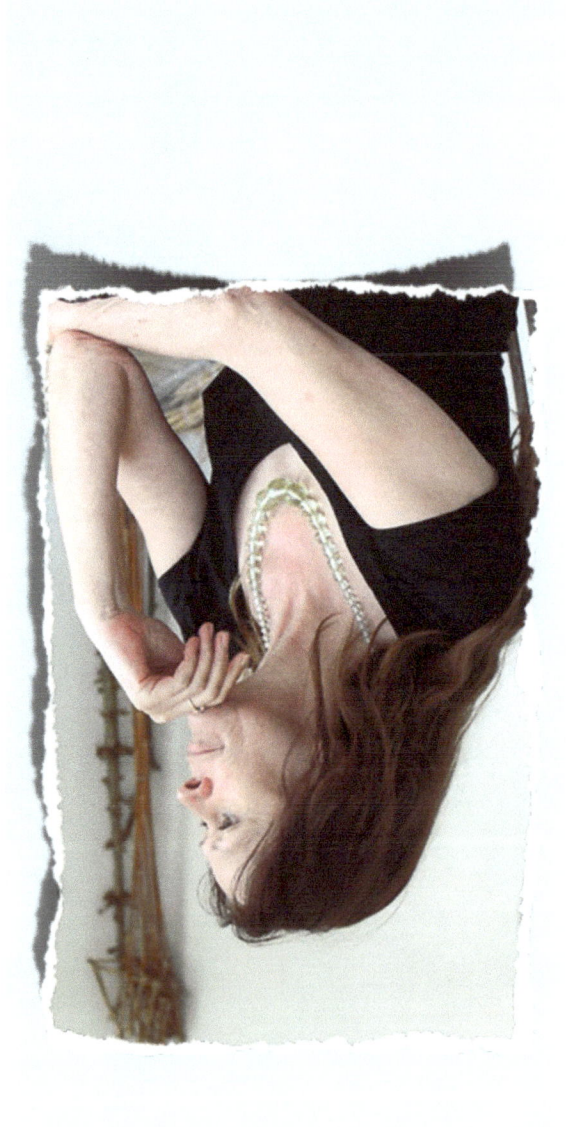

Maria
Schätzmüller-Lukas

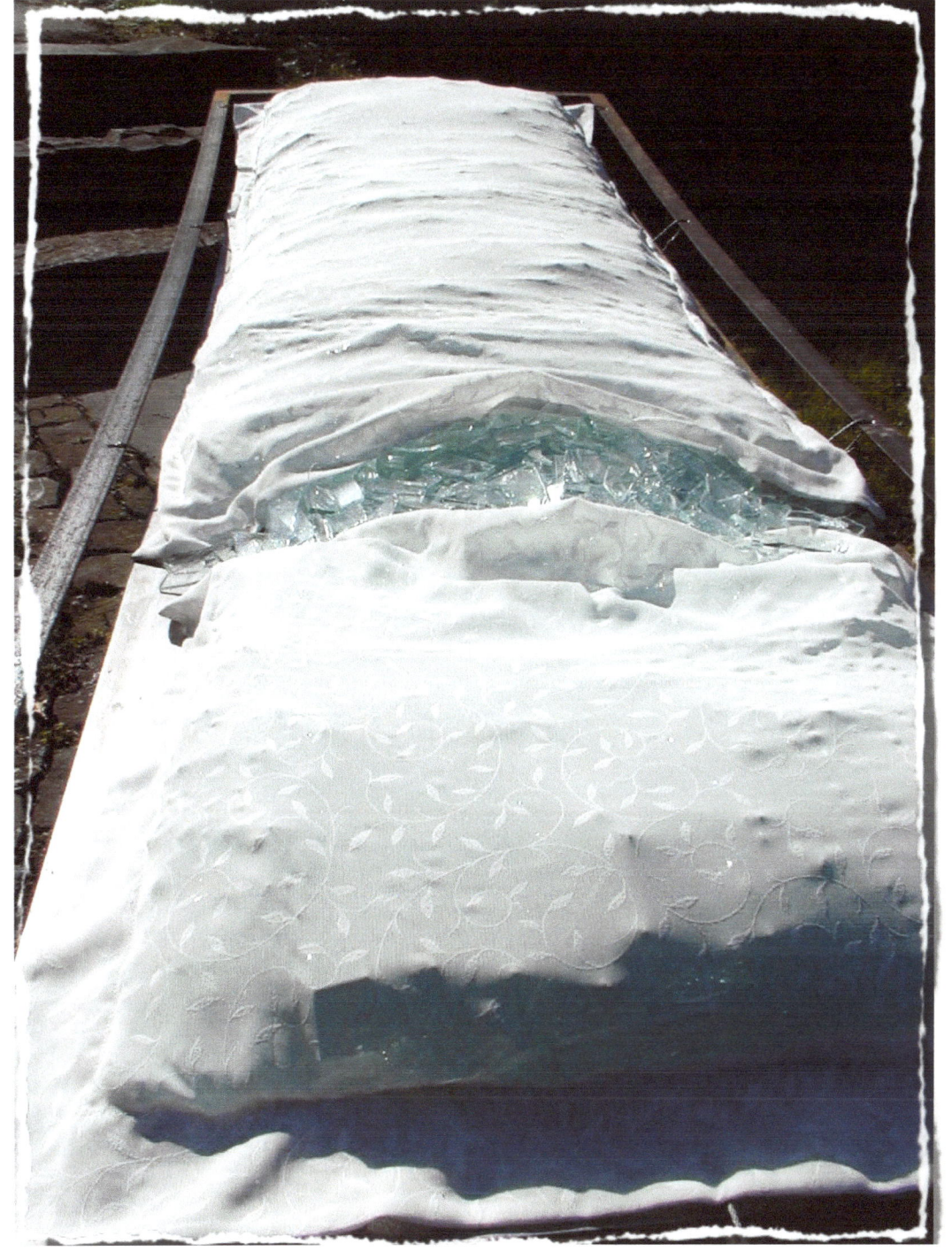

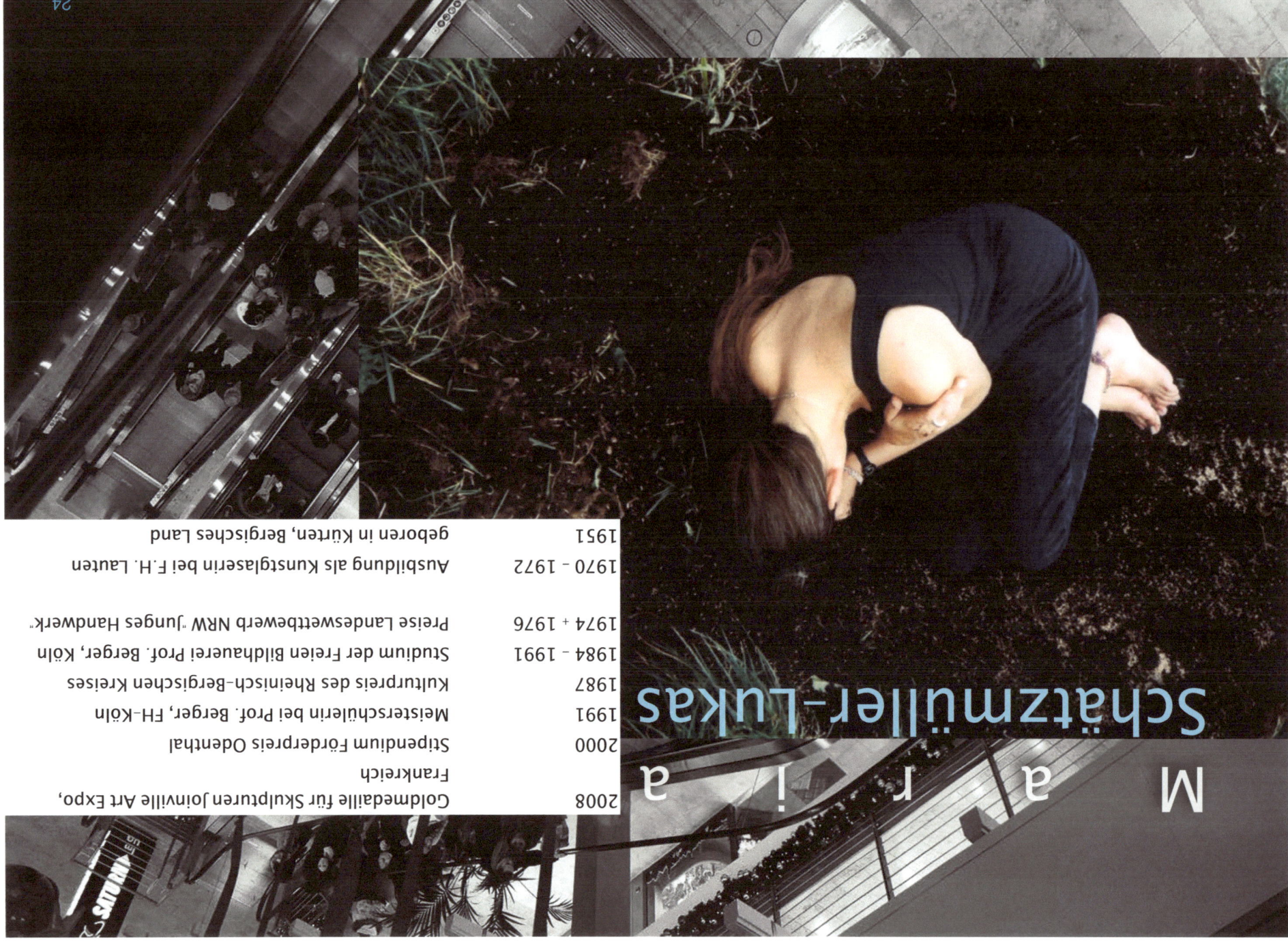

Maria Schätzmüller-Lukas

1951	geboren in Kürten, Bergisches Land
1970 - 1972	Ausbildung als Kunstglaserin bei F.H. Lauten
1974 + 1976	Preise Landeswettbewerb NRW „Junges Handwerk"
1984 - 1991	Studium der Freien Bildhauerei Prof. Berger, Köln
1987	Kulturpreis des Rheinisch-Bergischen Kreises
1991	Meisterschülerin bei Prof. Berger, FH-Köln
2000	Stipendium Förderpreis Odenthal
2008	Goldmedaille für Skulpturen Joinville Art Expo, Frankreich

Antonia Schilling

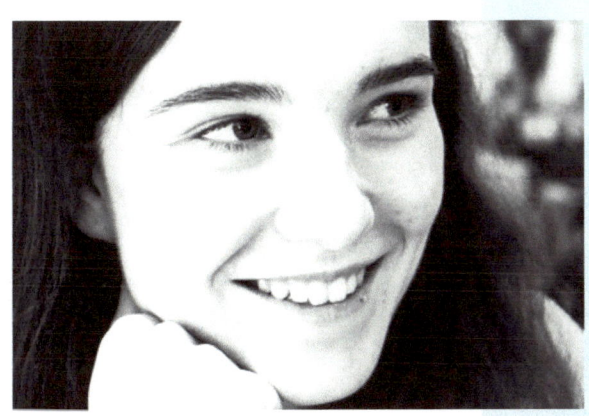

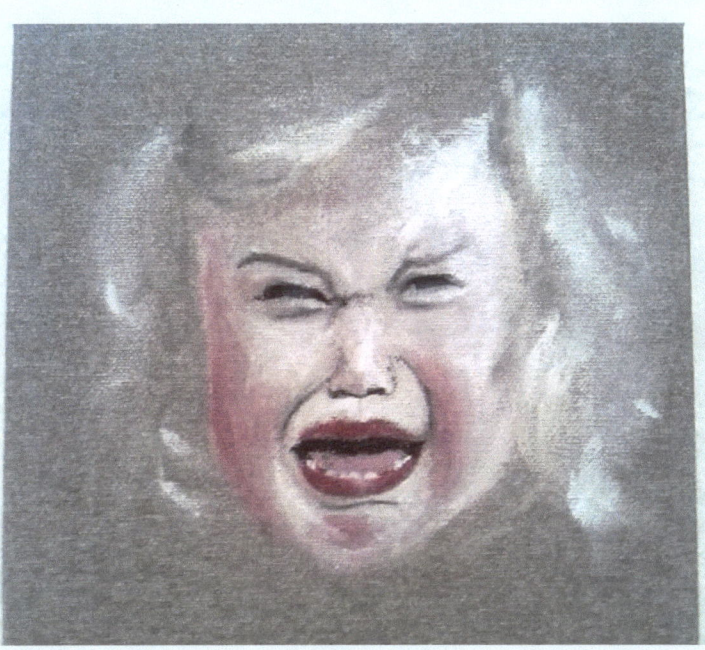

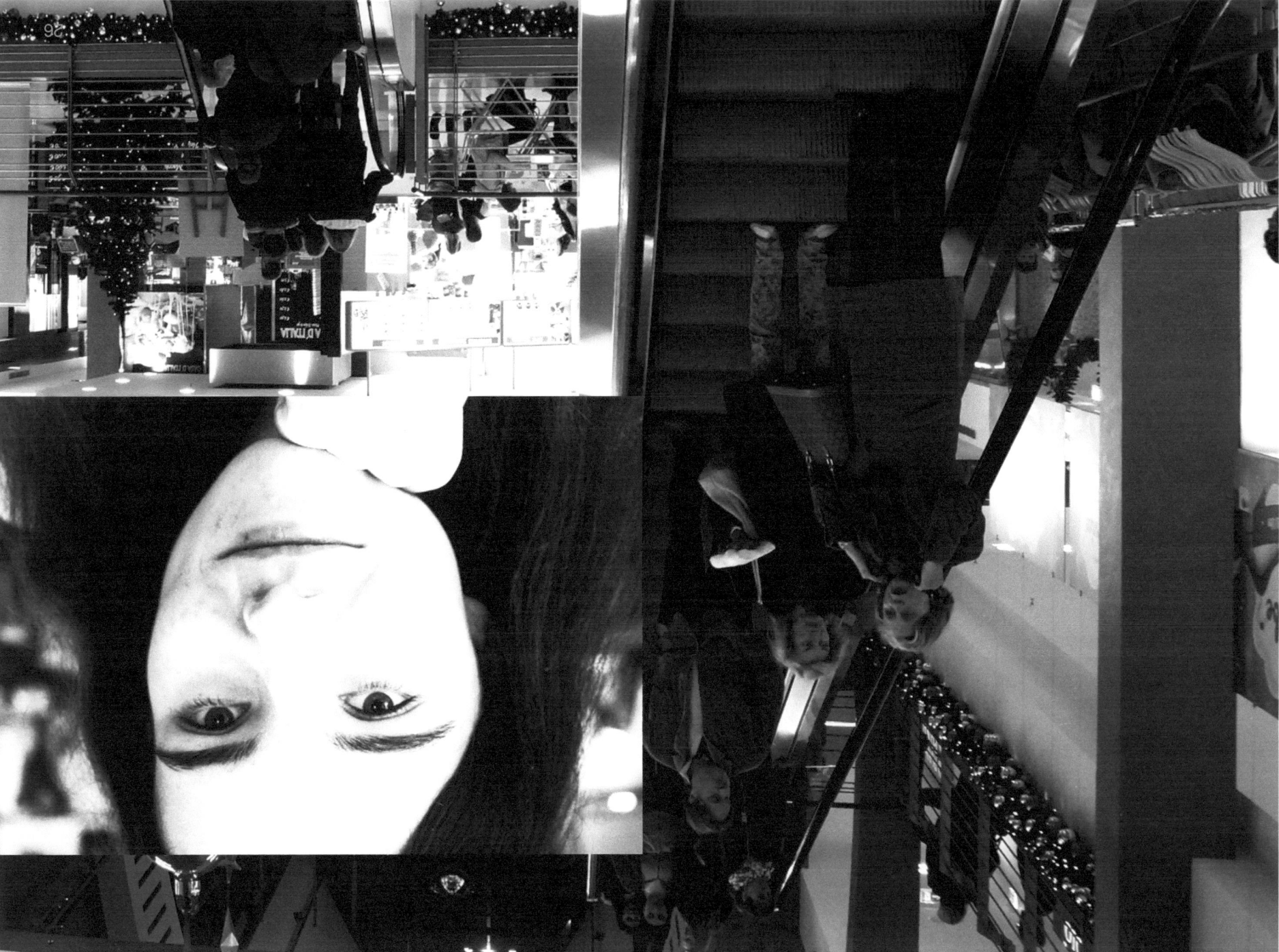

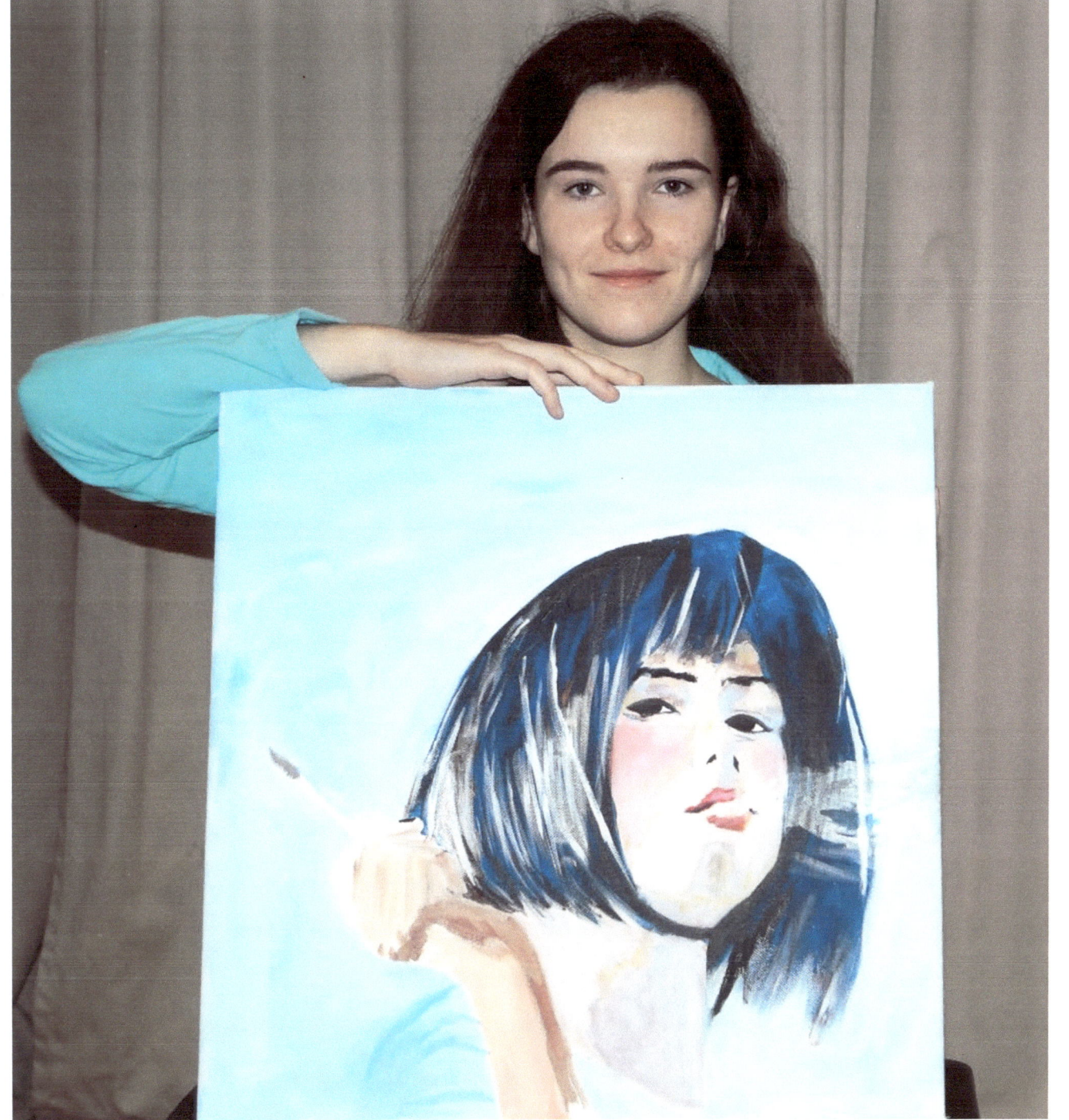

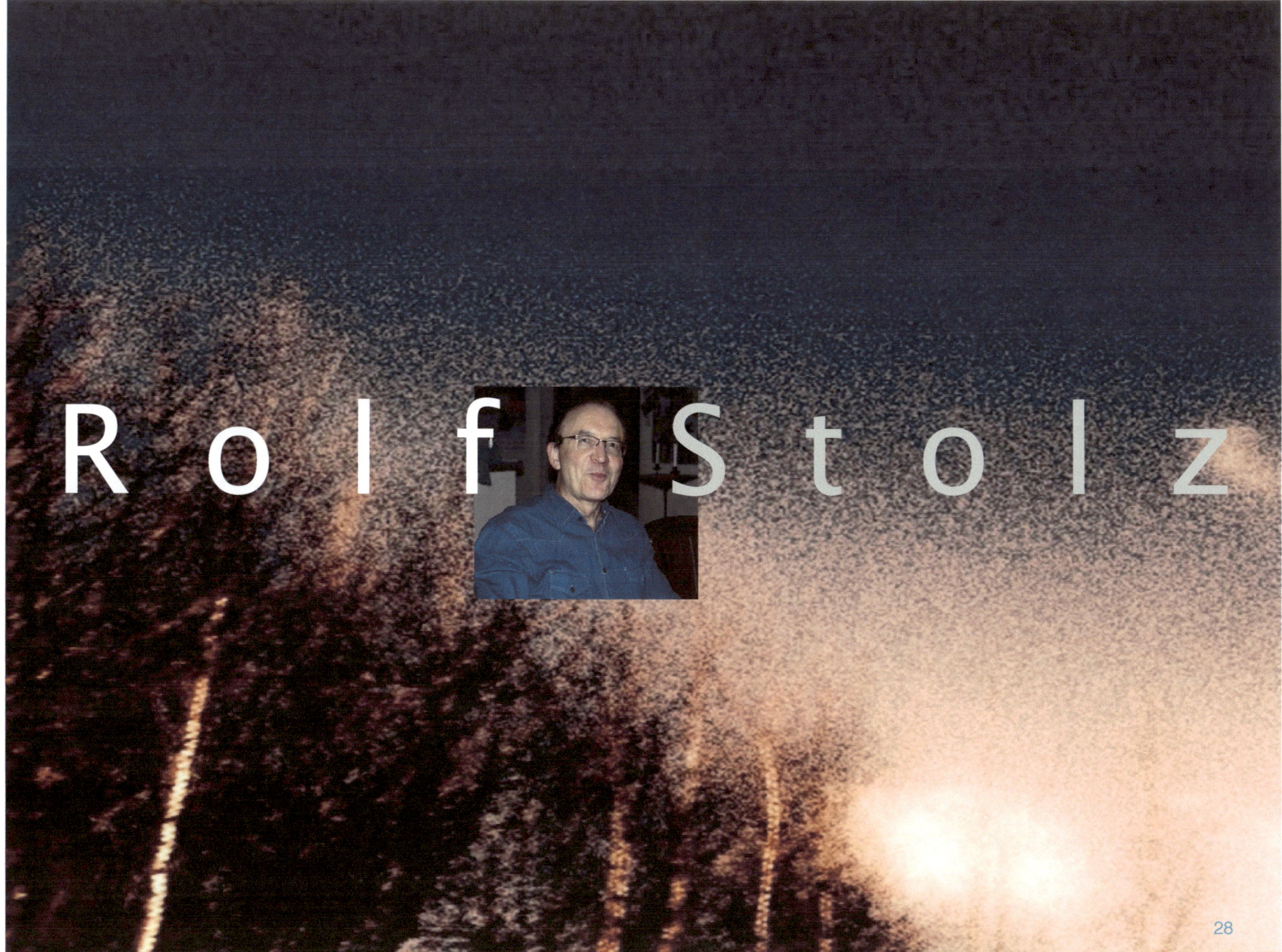

Rolf Stolz

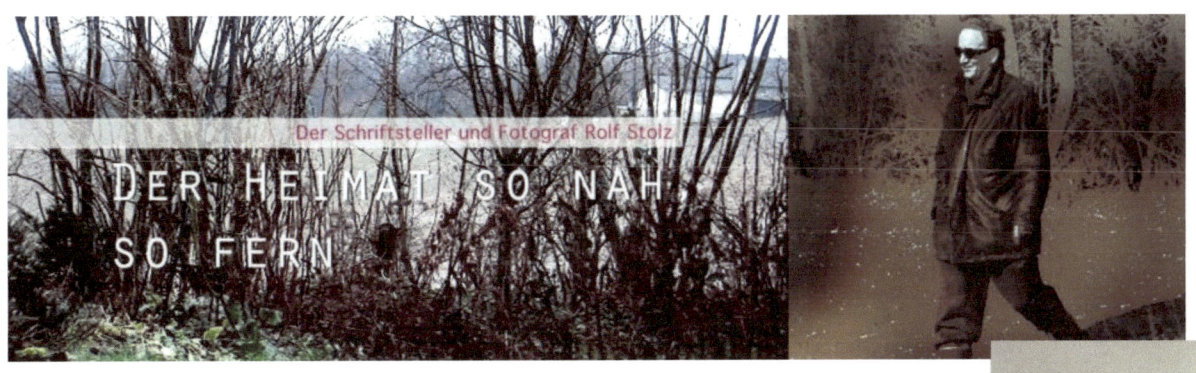

Der Schriftsteller und Fotograf Rolf Stolz

DER HEIMAT SO NAH,
SO FERN

Schriftsteller und Photograph

Erzählende Prosa, Gedichte und Essays erschienen in Sammelbänden, Zeitschriften und Zeitungen – z. B. in "neue deutsche literatur", "Jederart", "Sterz" (Graz), "Die Welt", "Neue Zürcher Zeitung". Texte wurden ins Französische, Englische, Rumänische und Dänische übersetzt.

1994 Anerkennungspreis für epische Kurzform der Stadt Wolfen, verschiedene literarische Stipendien

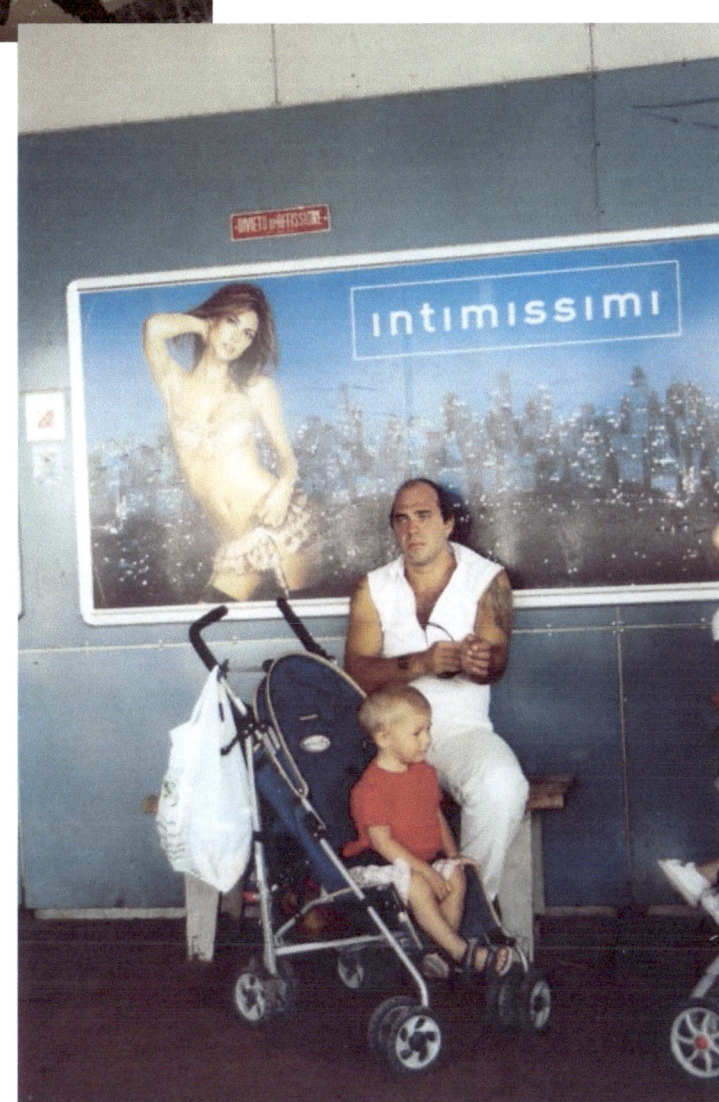

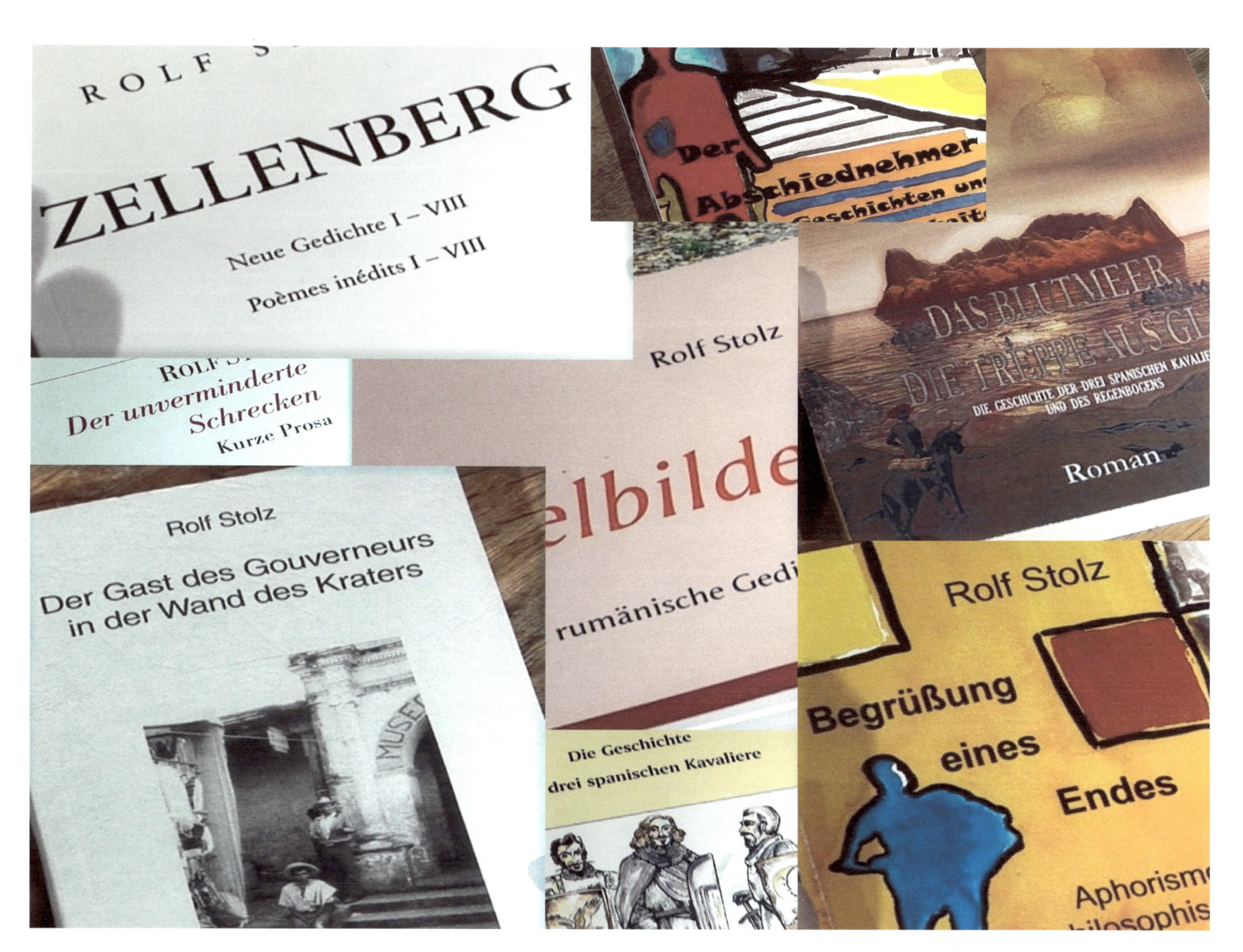

ROLF S[...]
ZELLENBERG
Neue Gedichte I – VIII
Poèmes inédits I – VIII

Der Abschiednehmer
Geschichten und [...]

DAS BLUTMEER,
DIE TREPPE AUS G[...]
DIE GESCHICHTE DER DREI SPANISCHEN KAVALIER[...]
UND DES REGENBOGENS
Roman

ROLF S[...]
Der unverminderte
Schrecken
Kurze Prosa

Rolf Stolz
Der Gast des Gouverneurs
in der Wand des Kraters

MUSE[...]

Rolf Stolz
elbilde[...]
rumänische Gedi[...]
Die Geschichte
drei spanischen Kavaliere

Rolf Stolz
Begrüßung
eines
Endes
Aphorism[...]
hilosophis[...]

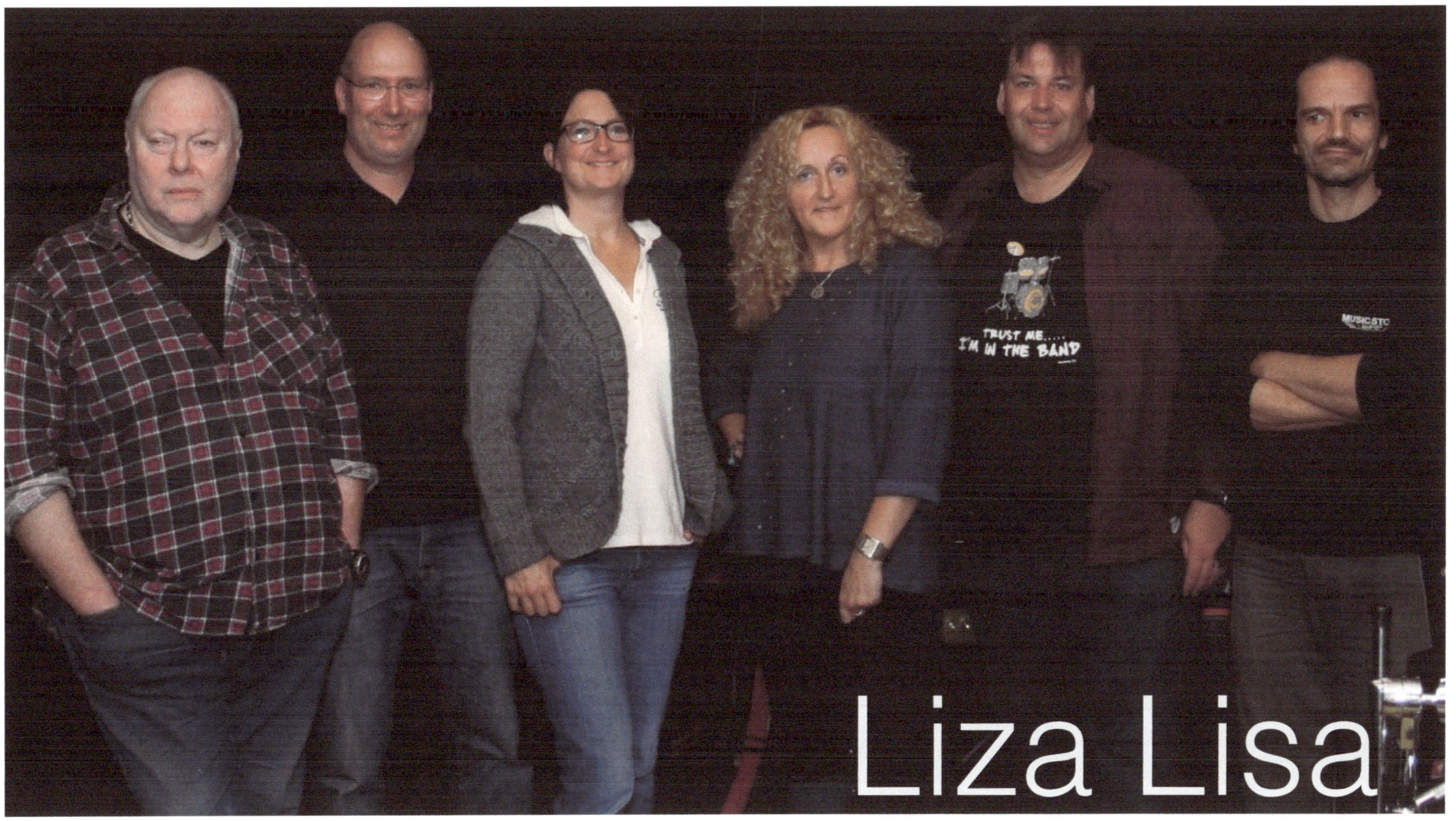

Liza Lisa

Neben der Stimme von Frontfrau Evelyn Frank gibt der Einsatz von Barbara Schüller am Saxophon und an der Querflöte den Stücken einen entsprechenden Wiedererkennungswert.

„Unterlegt von Jörg Hildebrandts Gitarrenriffs und den Keyboard- und Pianoklängen von Armin Schleifer, legen sich die Lieder auf das kraftvolle Rhythmusfundament aus Drums (Armin Schüller) und Bass (Wolfgang Himmelmann)."

GRUPPE NEUN e.V.

VEREIN FÜR KUNST & KULTUR IN BERGISCH...

Liza Lisa [Laisa: Li:sa:]

aus Köln spielt ausschließlich eigene Stücke mit deutschen und englischen Texten. Einflüsse der 70er und 80er Jahre sind unverkennbar.

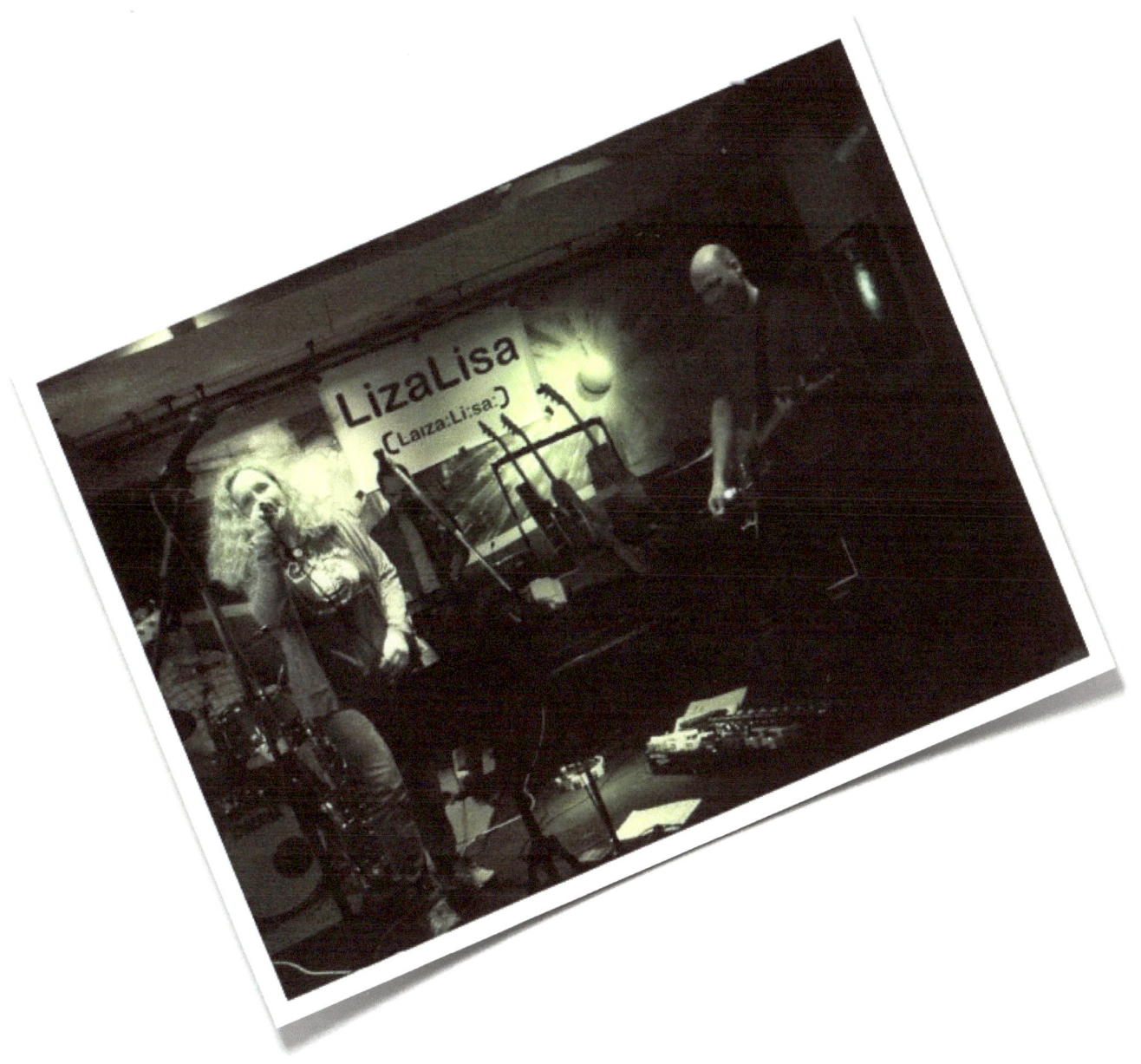

Jörg

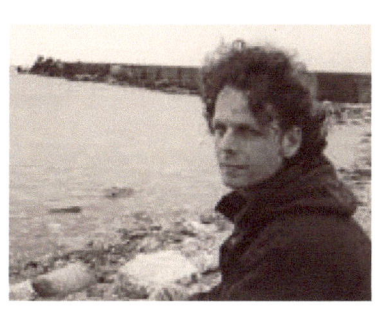

Der Fotograf Jörg Küster, geboren 1972 in Bergisch Gladbach, arbeitet unter anderem als freier Kameramann in den Bereichen Fernseh- und Imagefilm sowie als Presse- und Reisefotograf. Er ist festes Mitglied im Kölner Theaterensemble „Heureka" und wohnt im Bergischen Land.

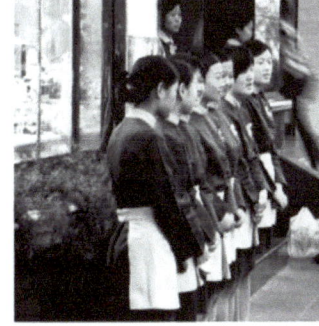

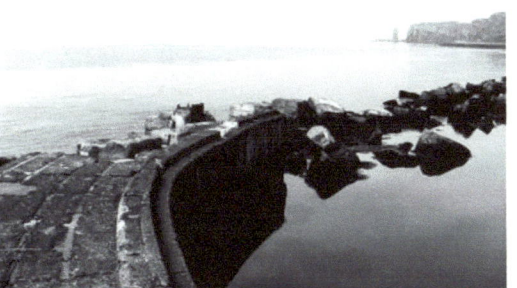

Küster

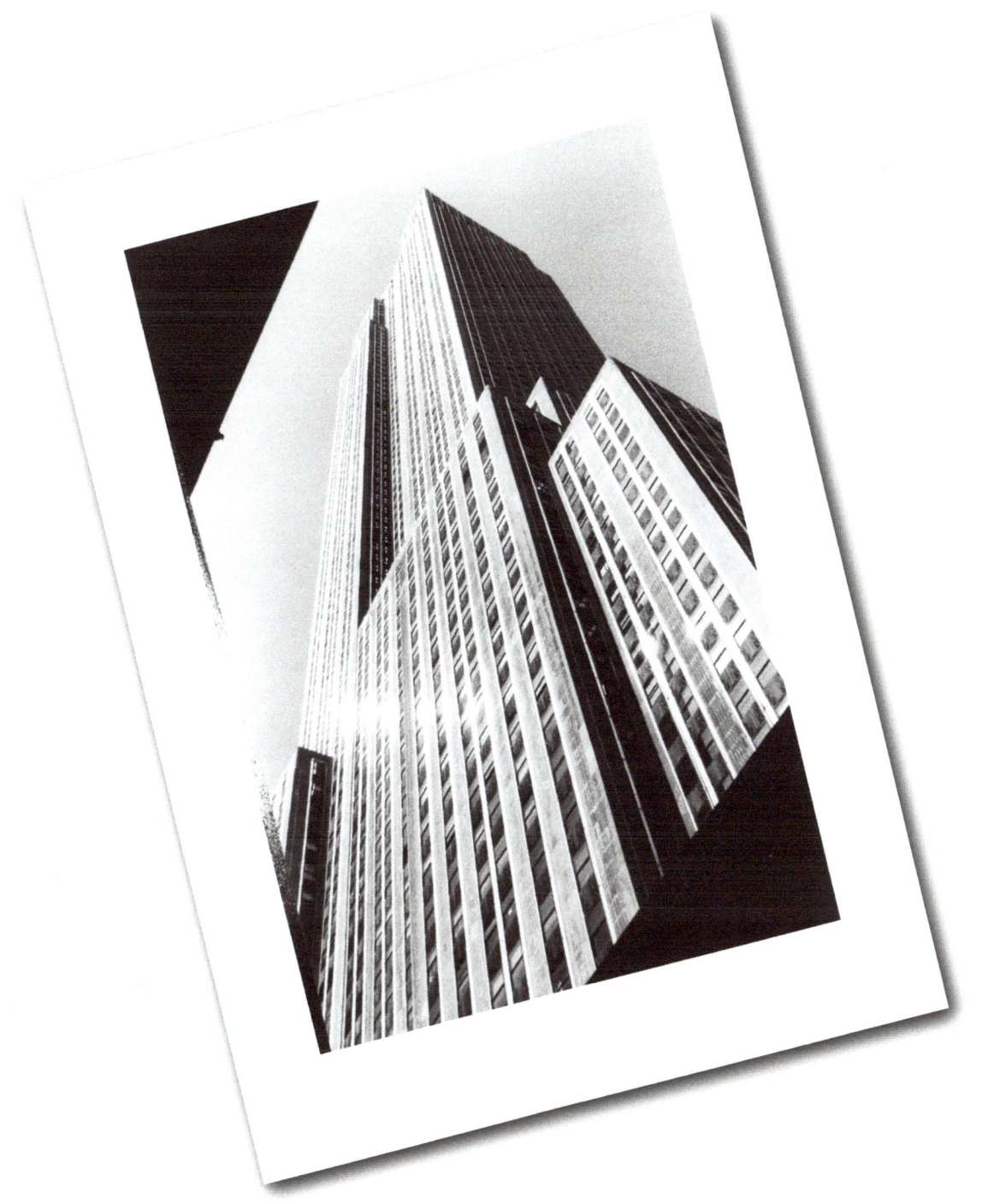

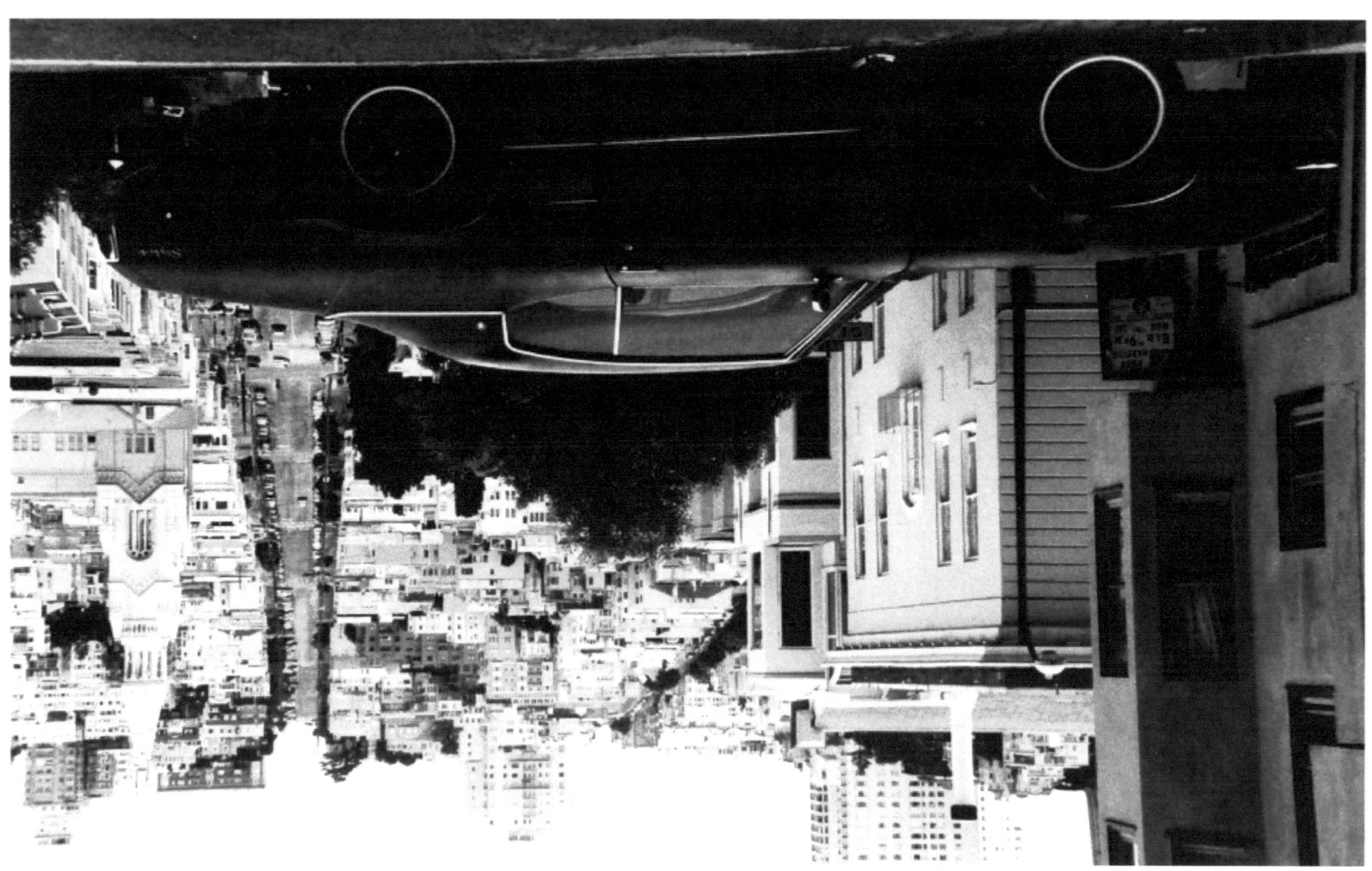

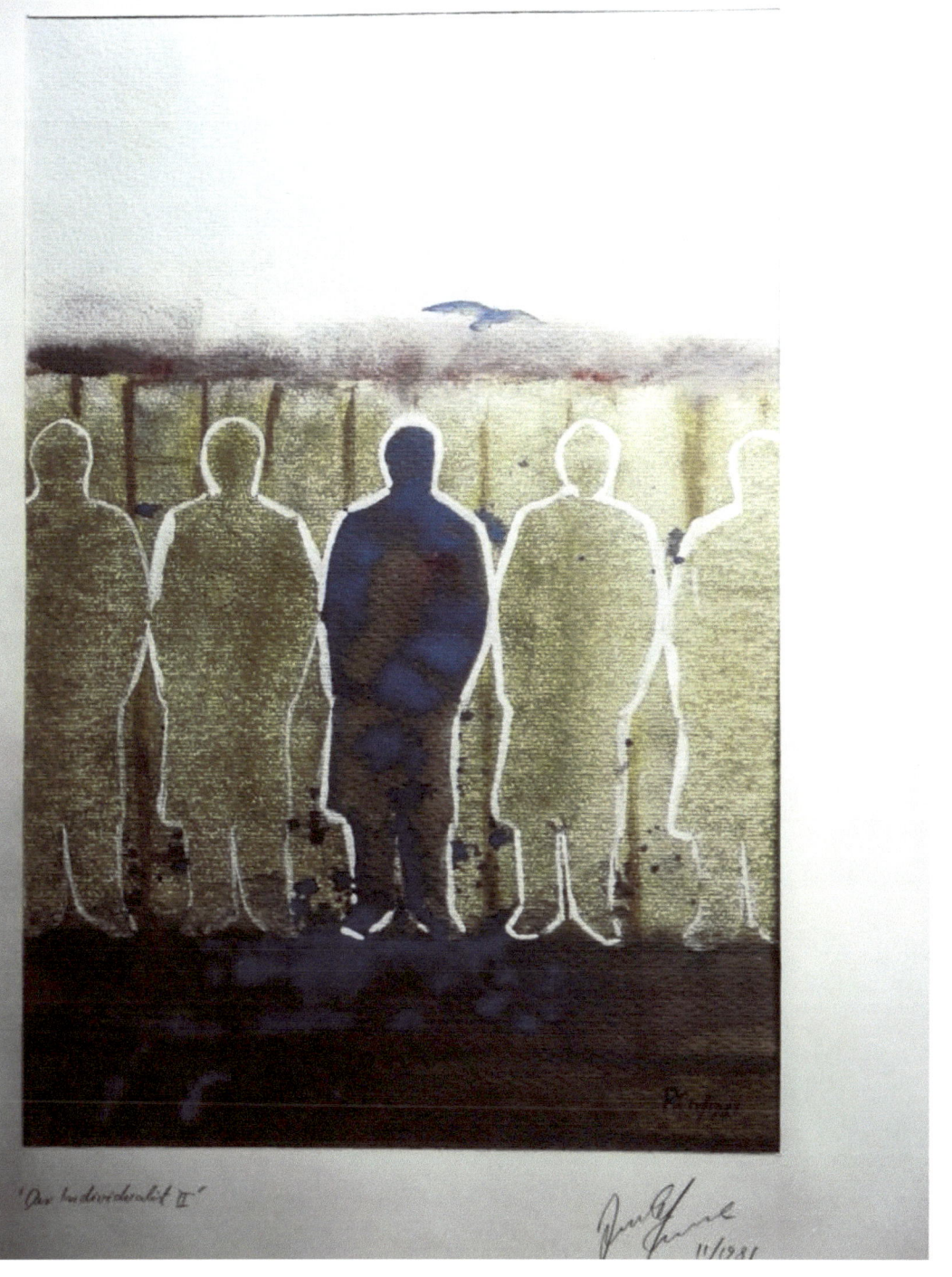

"Der Individualität II"

11/1981

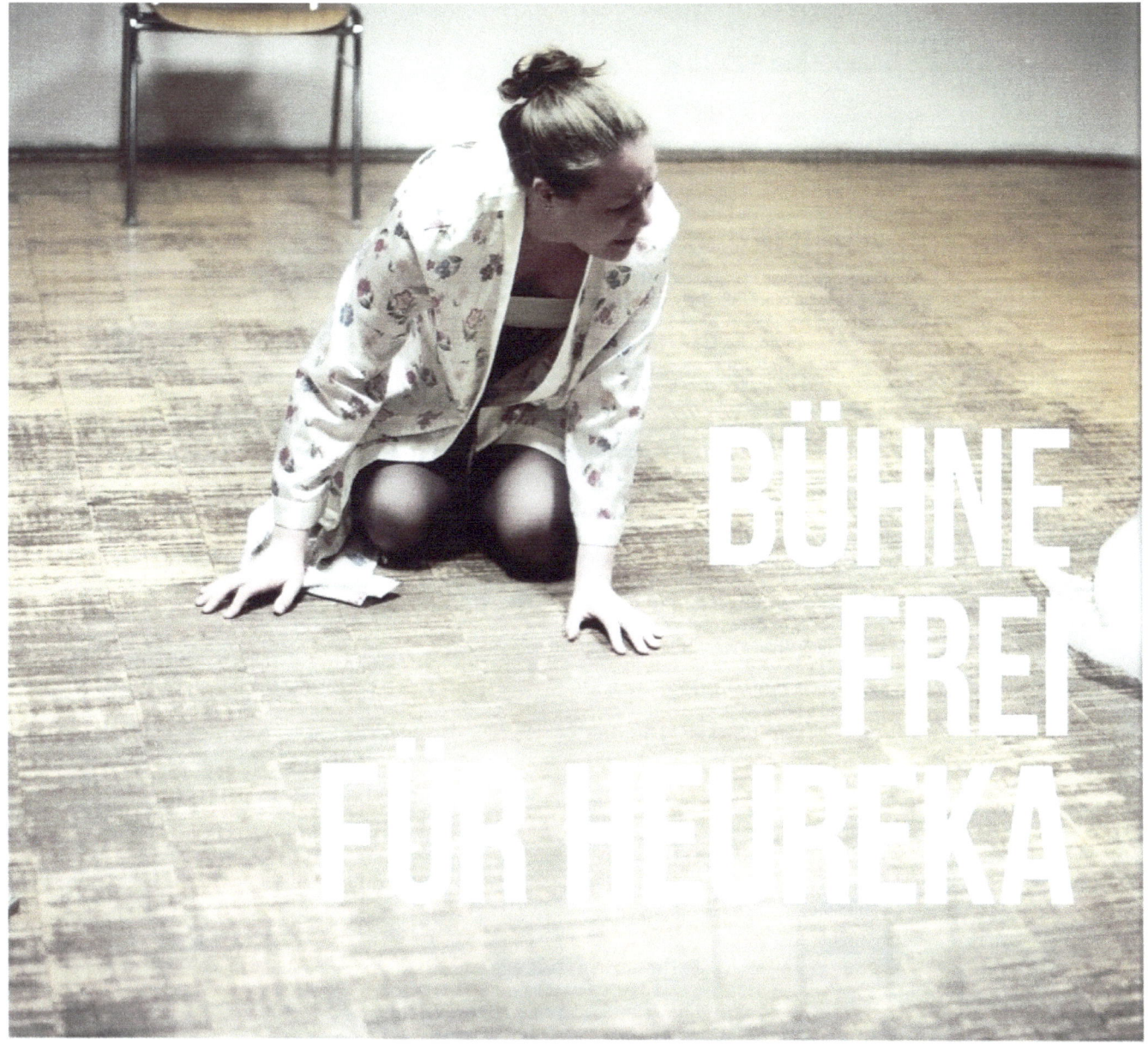

BÜHNE
FREI
FÜR HEUREKA

IN DER ALTEN FEUERWACHE NAHE DEM EBERTPLATZ TREFFEN SICH JEDEN MONTAGABEND
ACHT MENSCHEN, UM IHREM GEMEINSAMEN HOBBY NACHZUGEHEN: THEATERSPIELEN.

Theaterensemble

Wir, das sind sieben begeisterte Amateur-Schauspieler, die seit September 2002 zusammen unter der Leitung von Bettina Berg-Linde in Köln in der Alten Feuerwache Theater spielen.

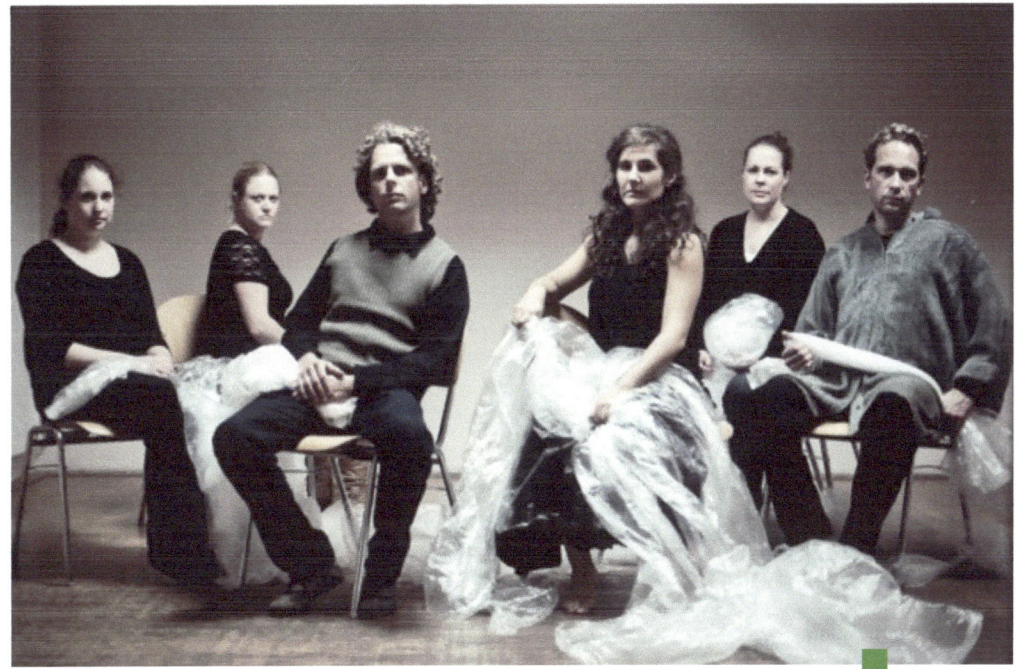

Heureka

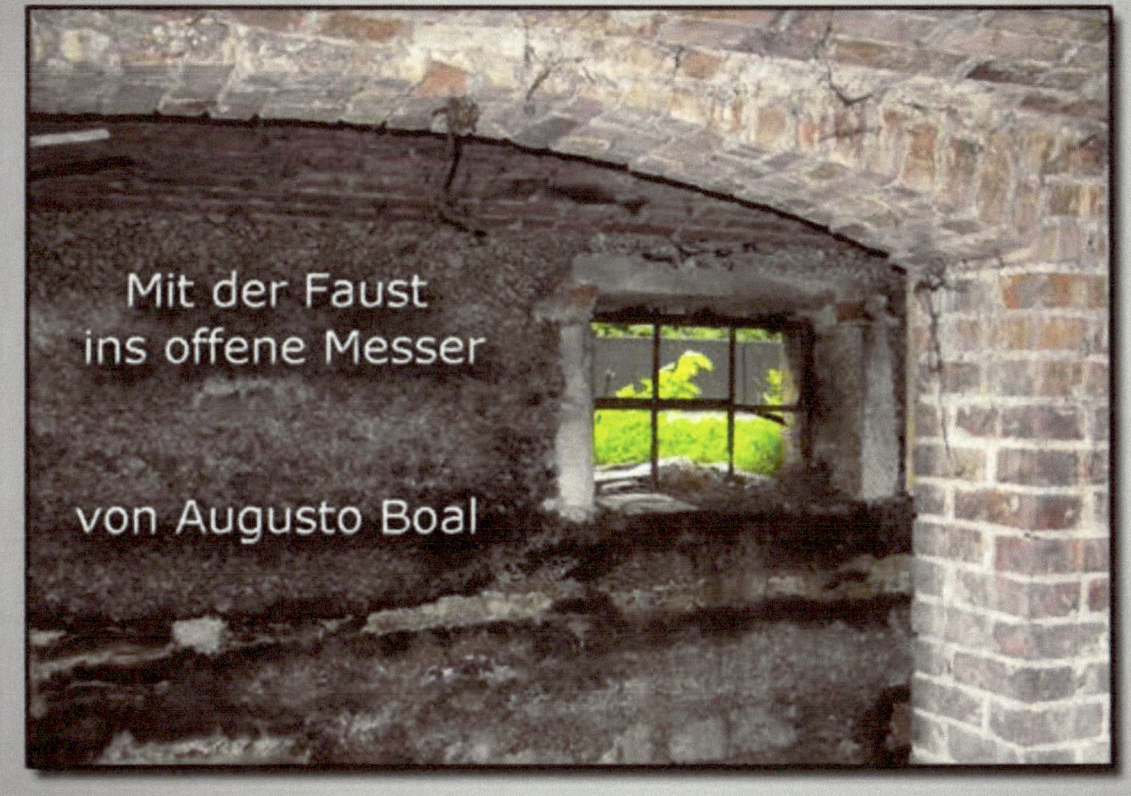

Rollen

Paulo
Jörg Küster
Doktor
Justus Meier
Marga
Iris Sijben
Foguinho
Annette Gorny
Barra
Günter Elsemanns
Maria
Christina Kuhn

Leitung
Bettina Berg-Linde
Technik
Jockel Berg

Alexandra Felder

Ihren ersten Klavierunterricht erhielt sie im Alter von sechs Jahren an einer Musikschule für Hochbegabte in Duschanbe (UdSSR). Mit fünfzehn Jahren begann Alexandra das Klavierstudium am State Musical College Gnessins in Moskau. Nach vier Jahren Studium bestand sie dort die Abschlussprüfung zur Diplom-Klavierlehrerin und Korrepetitorin. Alexandras zweites Diplom als Musik- und Gesangslehrerin absolvierte sie an der Staatlichen pädagogischen Hochschule in Moskau mit Auszeichnung.

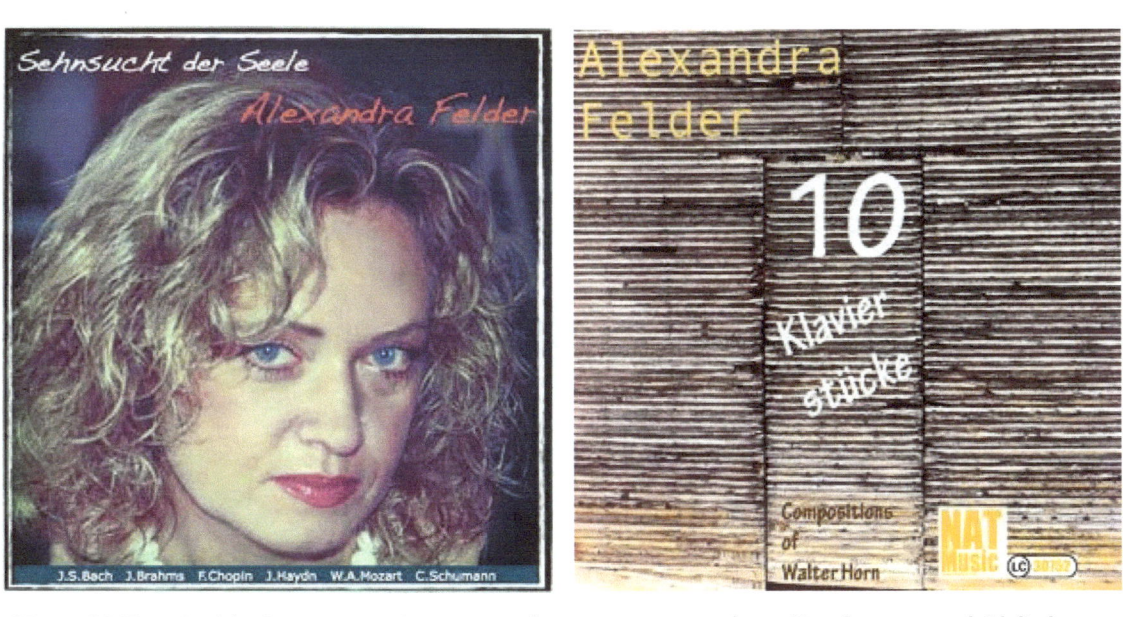

CDs & DVDs sind bei amazon, itunes und www.artstartshop.jimdo.com erhältlich

„Wenn ich mich ans Klavier setze, weiß ich, dass die Musik die einzige Sprache ist, die jeder versteht. Klassisches Repertoire, Jazz, Tango, Schläger, Pop, Rockmusik, Swing, Oper, Kabarett – ich mag es alles, die Musik in ihrer Vielfalt…"

www.klavierschule-immekeppel.de

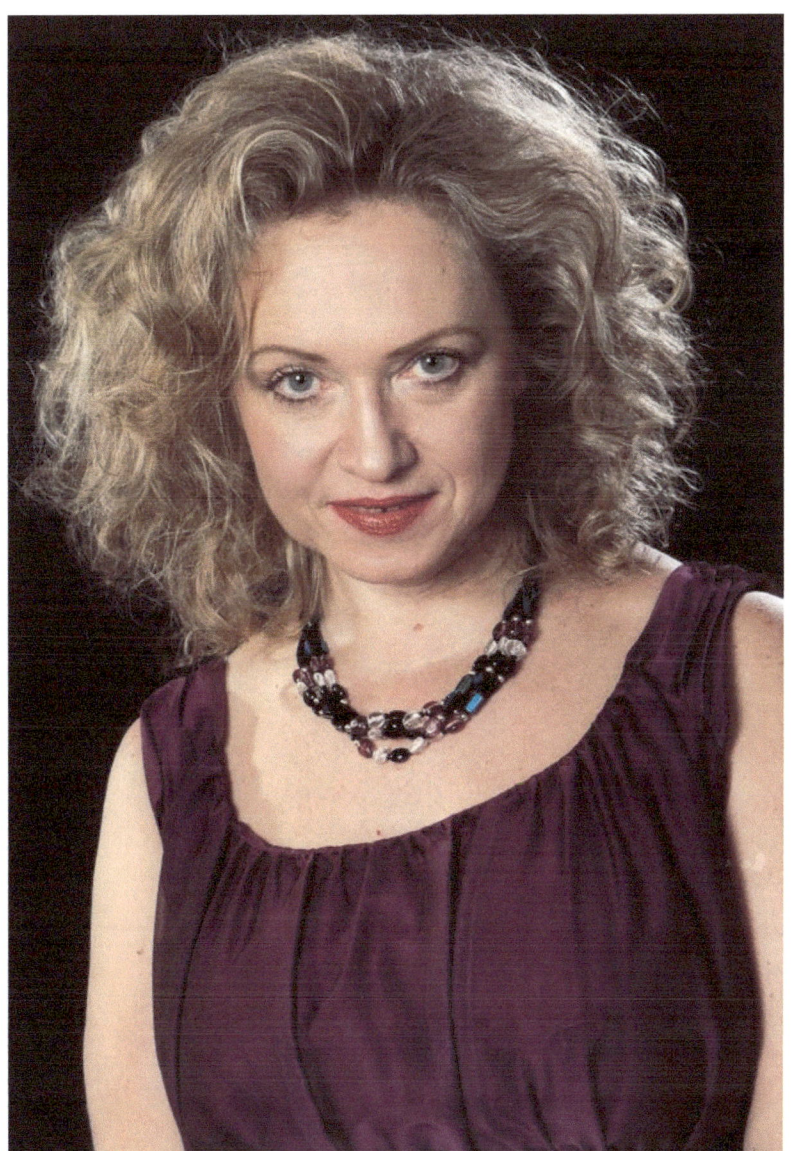

Ulrike Scherer

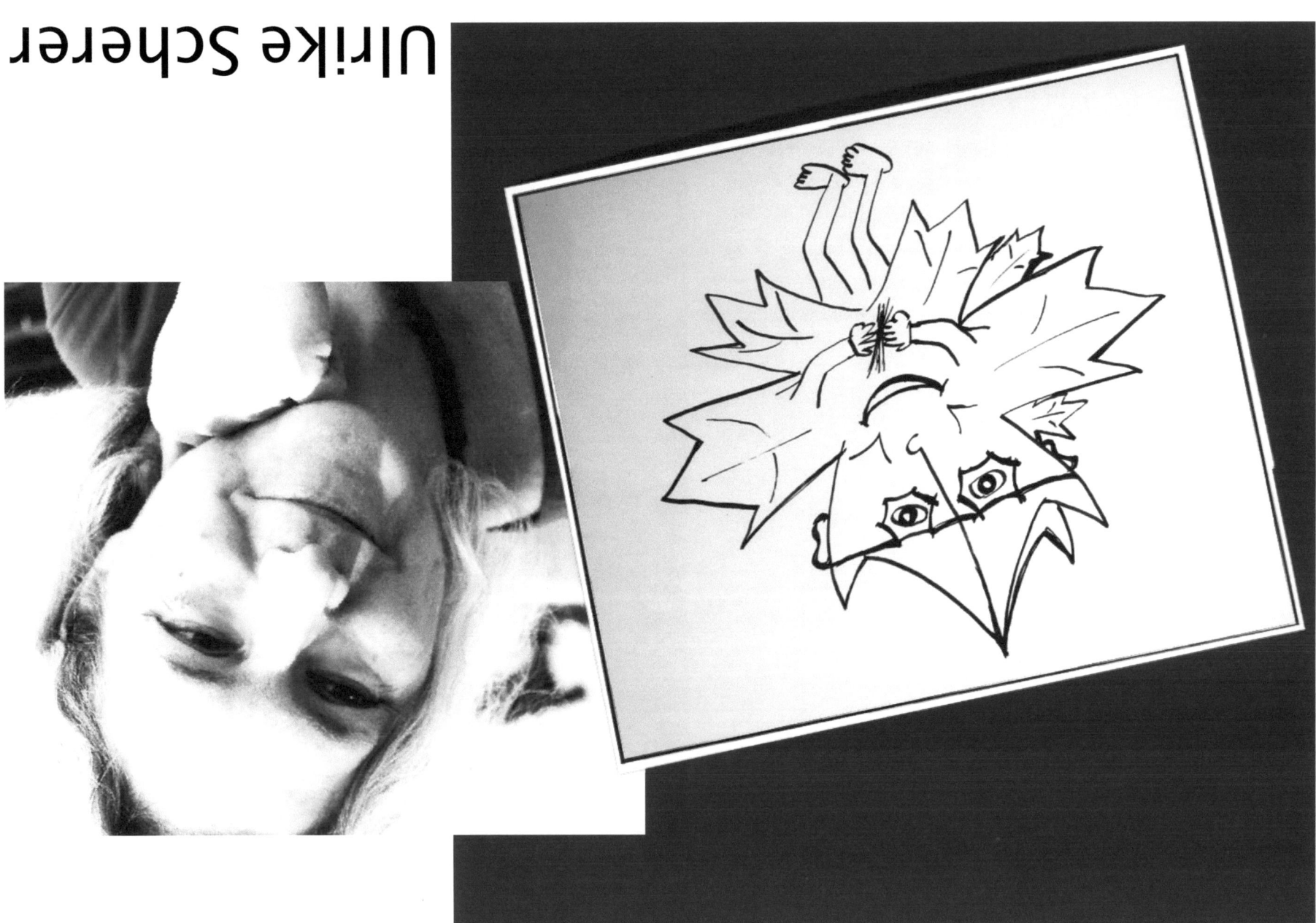

Kinderträume sind keine Schäume

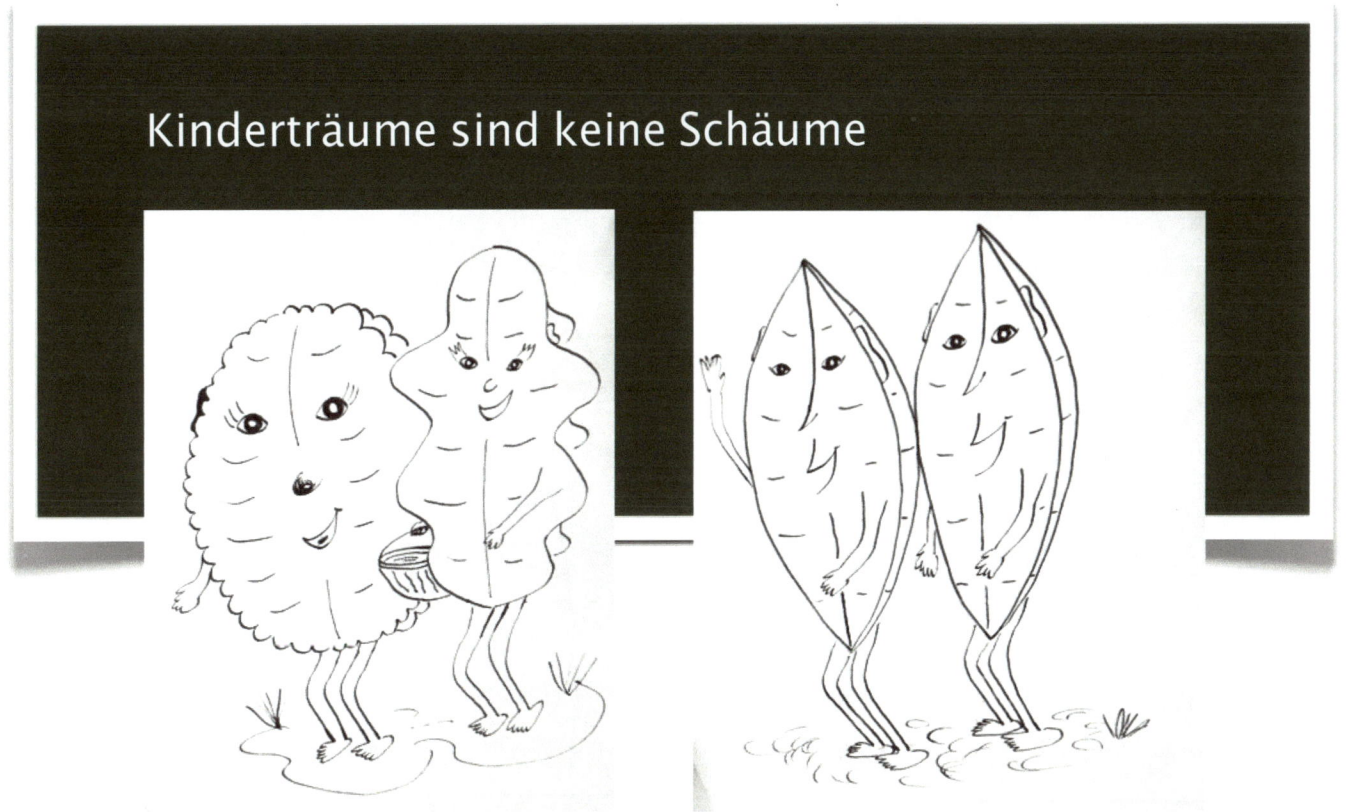

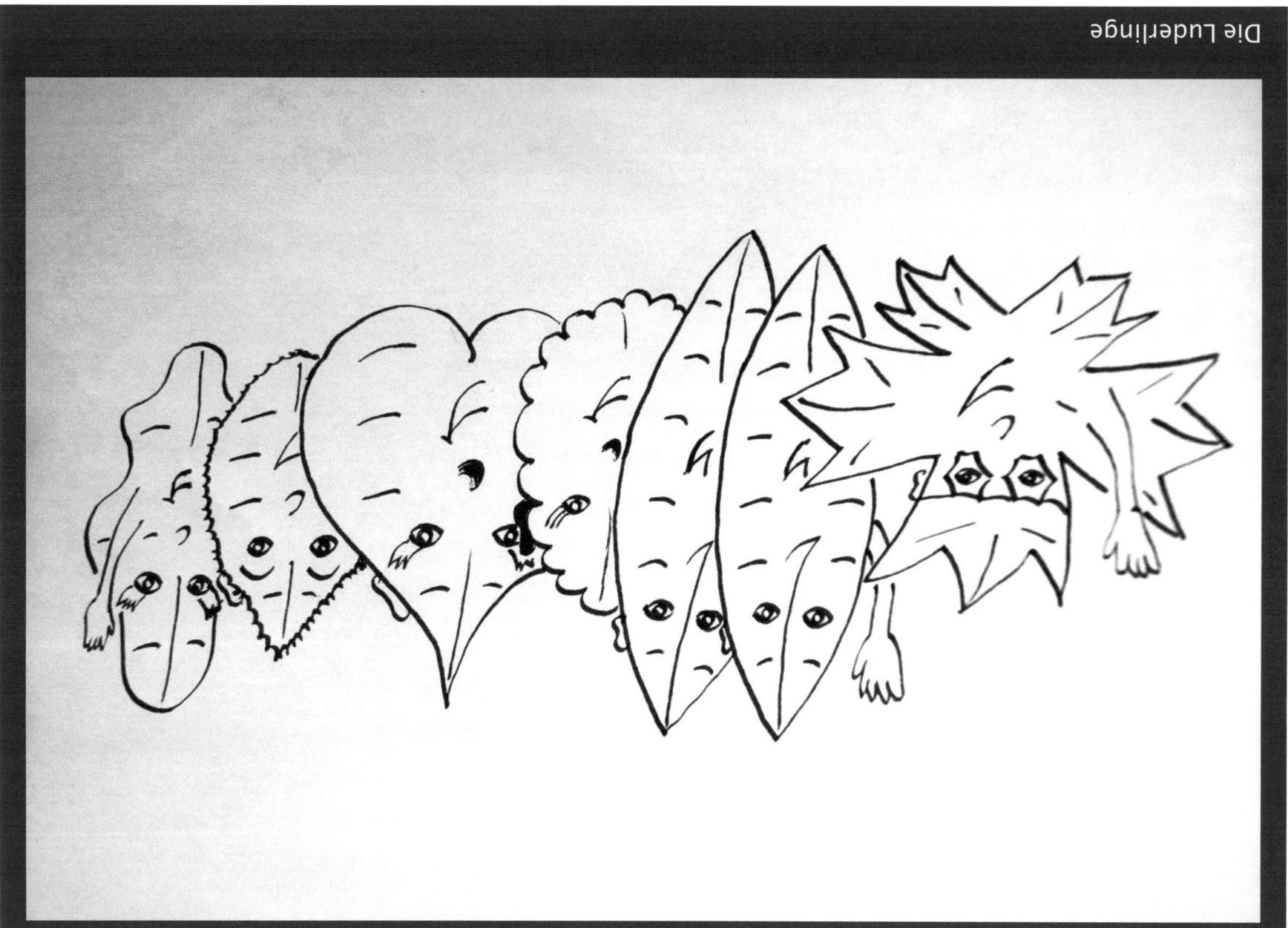

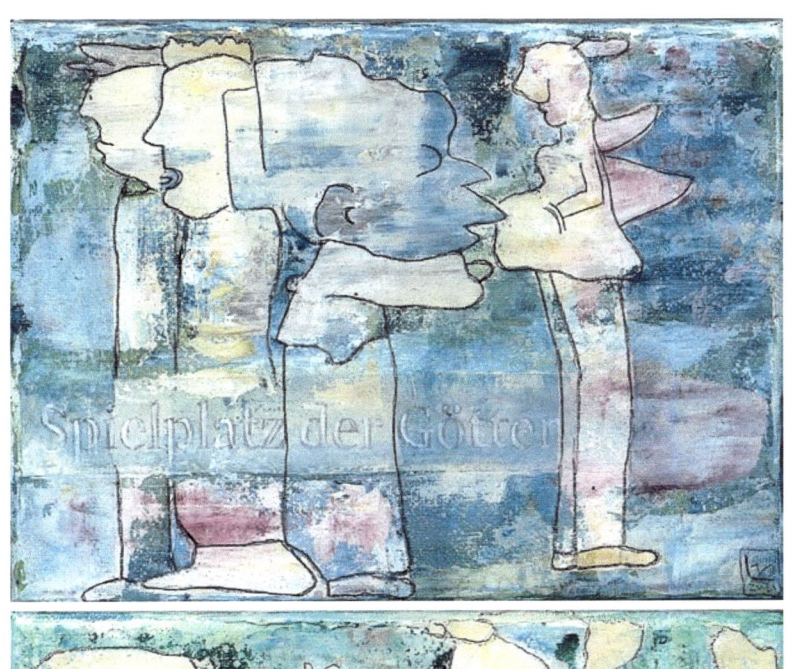

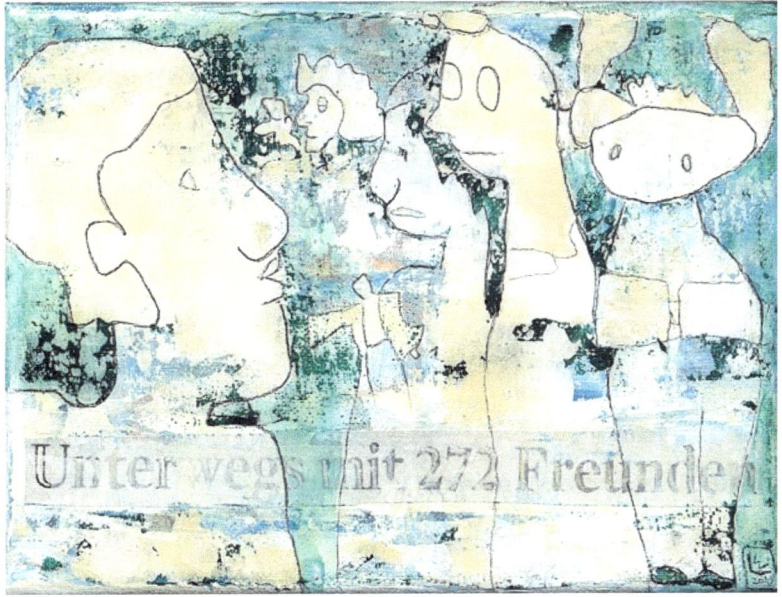

Leslie Wist

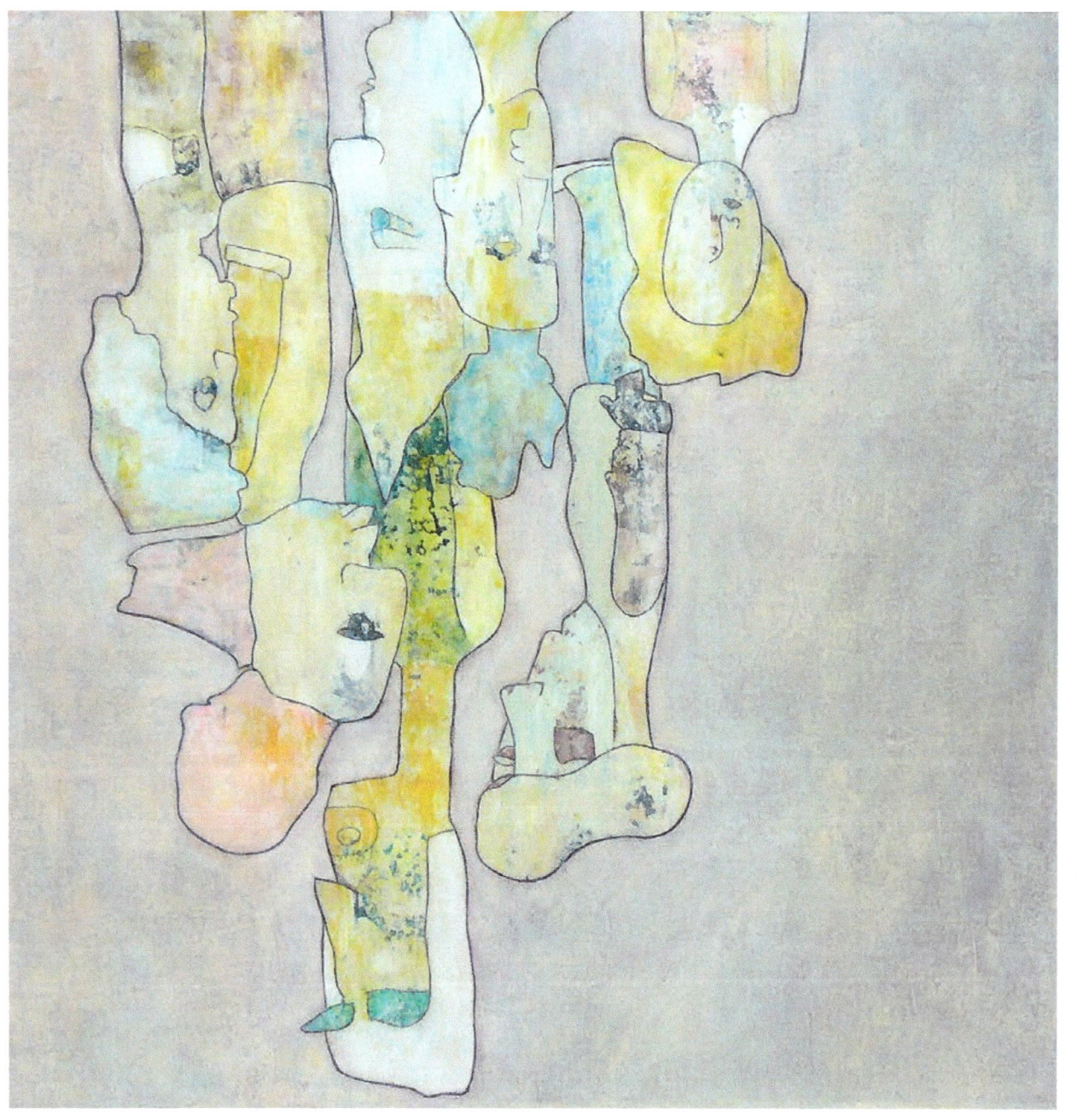

Die Geister, die ich rief (2013)

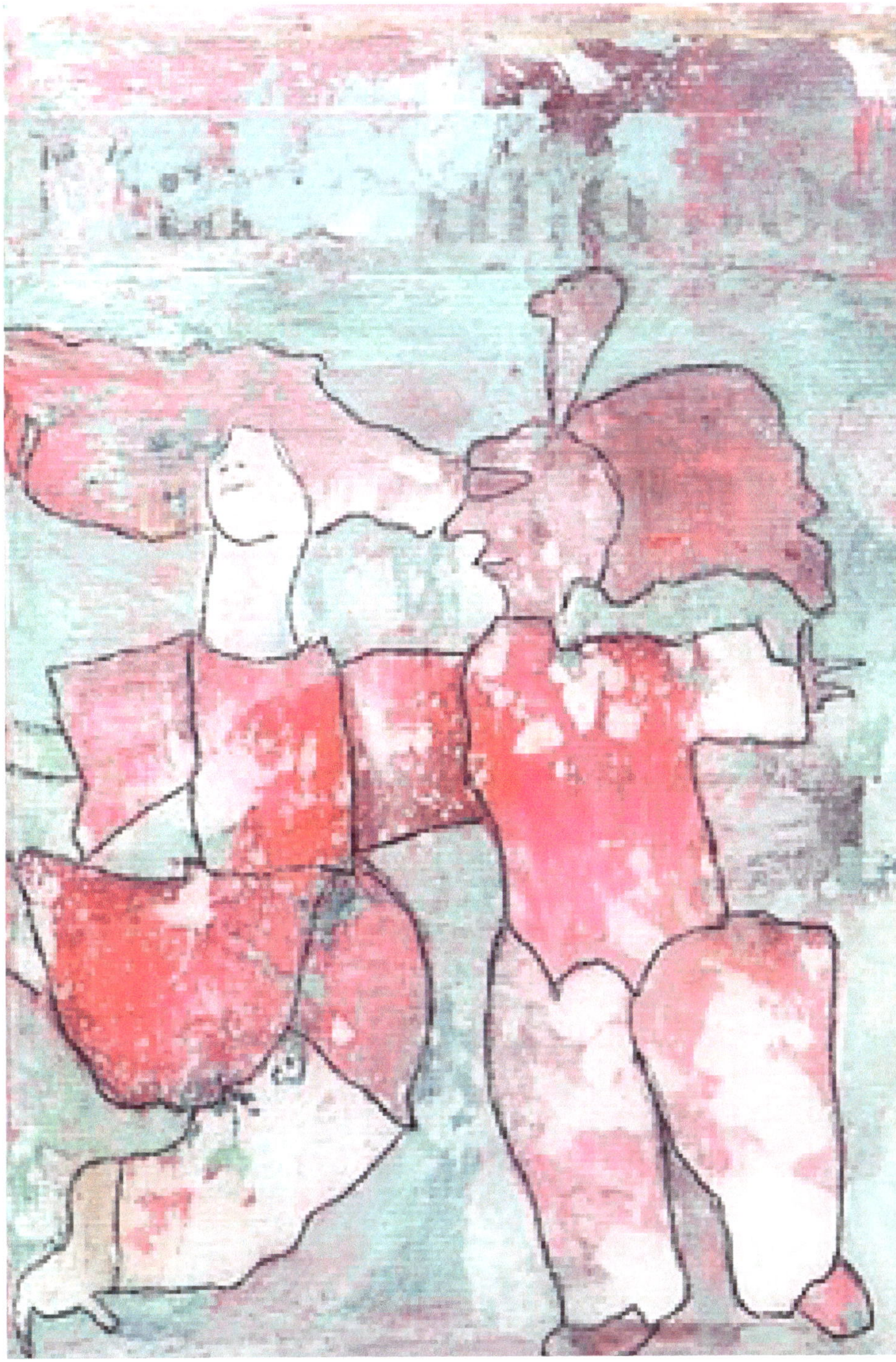

14.01.1963
in Fort Knox, Kentucky; USA geboren

1968-1982

häufiger Wohnort- & Schulwechsel zwischen Deutschland & USA
1982
Abitur am Dietrich-Bonhoeffer Gymnasium, Hilden
1982-1987
intensive Beschäftigung mit Kunst, Studienjahre in Austin, Texas & Düsseldorf
Mexiko, Nordamerika und Europa bereist
1987
Studium an der Universität zu Köln
1987-1993

Hauptwohnsitz in Köln
Dozentin an der Volkshochschule in Köln & Bergisch Gladbach
(Kunst & Englisch)
seit 1993

freischaffende Künstlerin; Gruppen- & Einzelausstellungen in & um
Köln, Düsseldorf, Holland, Fürstenwalde
1991
Geburt meiner Tochter Michelle
1993
Umzug von Köln nach Kürten

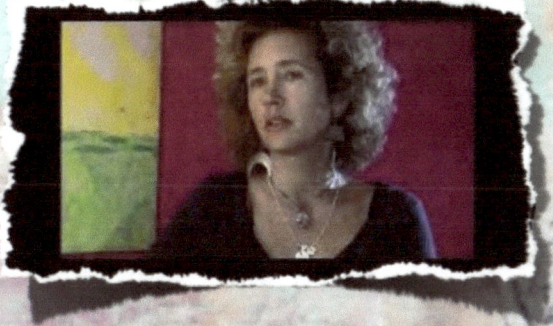

Jens Zimmer

1964 in Erndtebrück geboren
Studium in Köln: Diplom Pädagogik
mit Schwerpunkt Erwachsenenbildung
Schauspielausbildung an der Spielstatt Ulm
Seit 1992 Schauspieler und Sprecher
in den Bereichen Film, Sprech- und Musiktheater
Seit 1998 Coach und Dozent in Wirtschaft, Politik und Wissenschaft
Seit 2001 Yoga- und Meditationslehrer
Seit 2004 verschiedene John Cage und Mauricio Kagel Projekte
Bis 2009 in Köln lebend, seitdem in Overath-Immekeppel
Weitere Informationen: www.JensZimmer.de

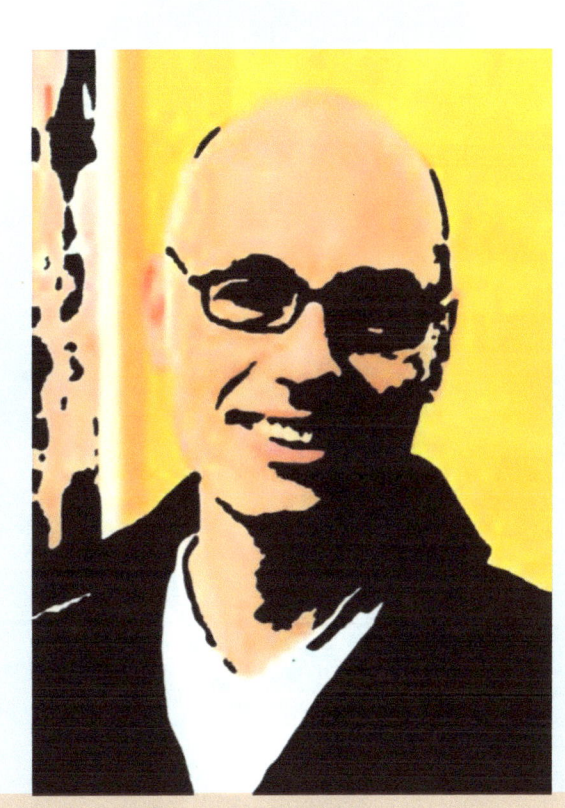

JOHN CAGE LESUNG

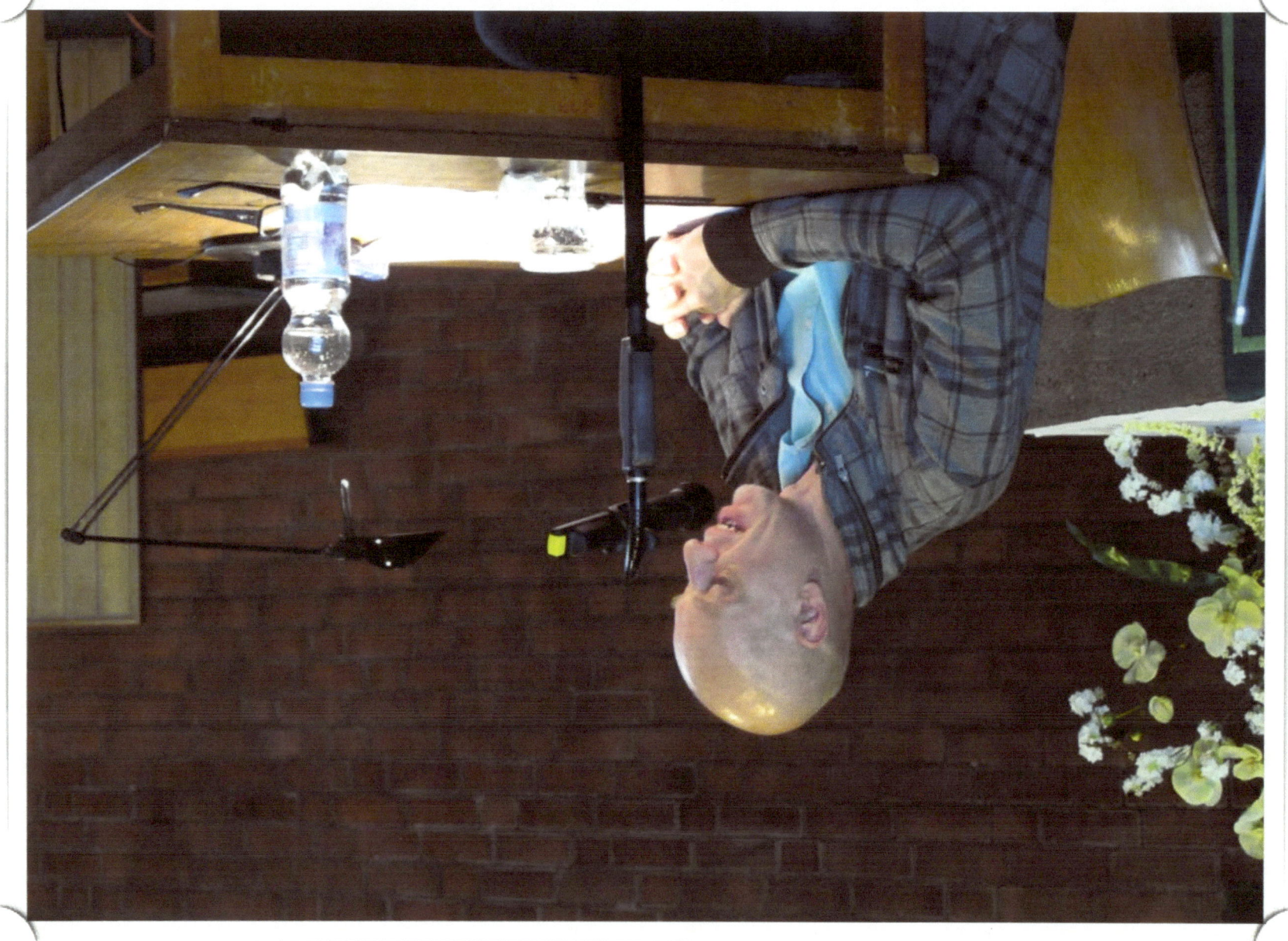

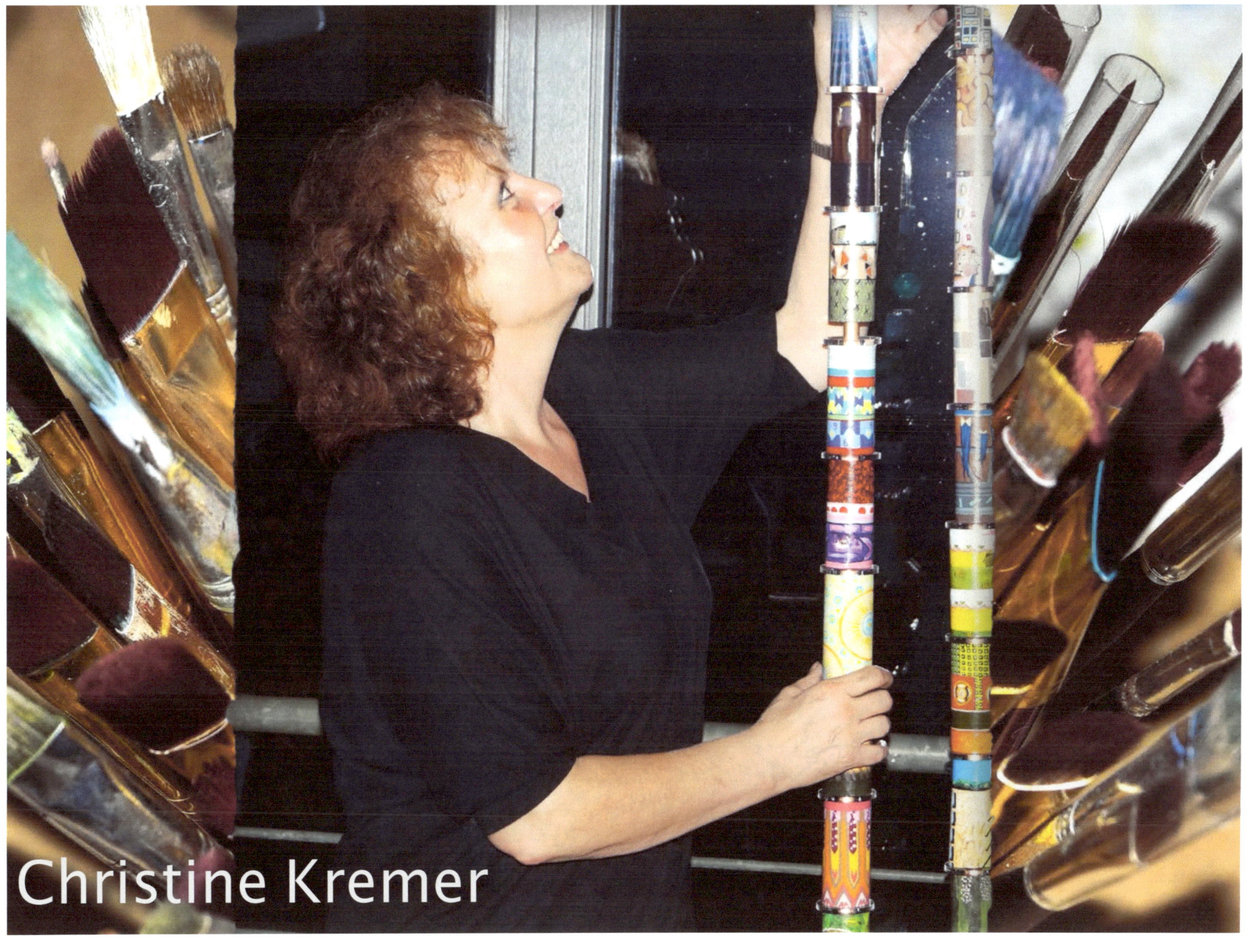

Christine Kremer

geboren in Wipperfürth

1975–1982 Studium der Malerei in Köln

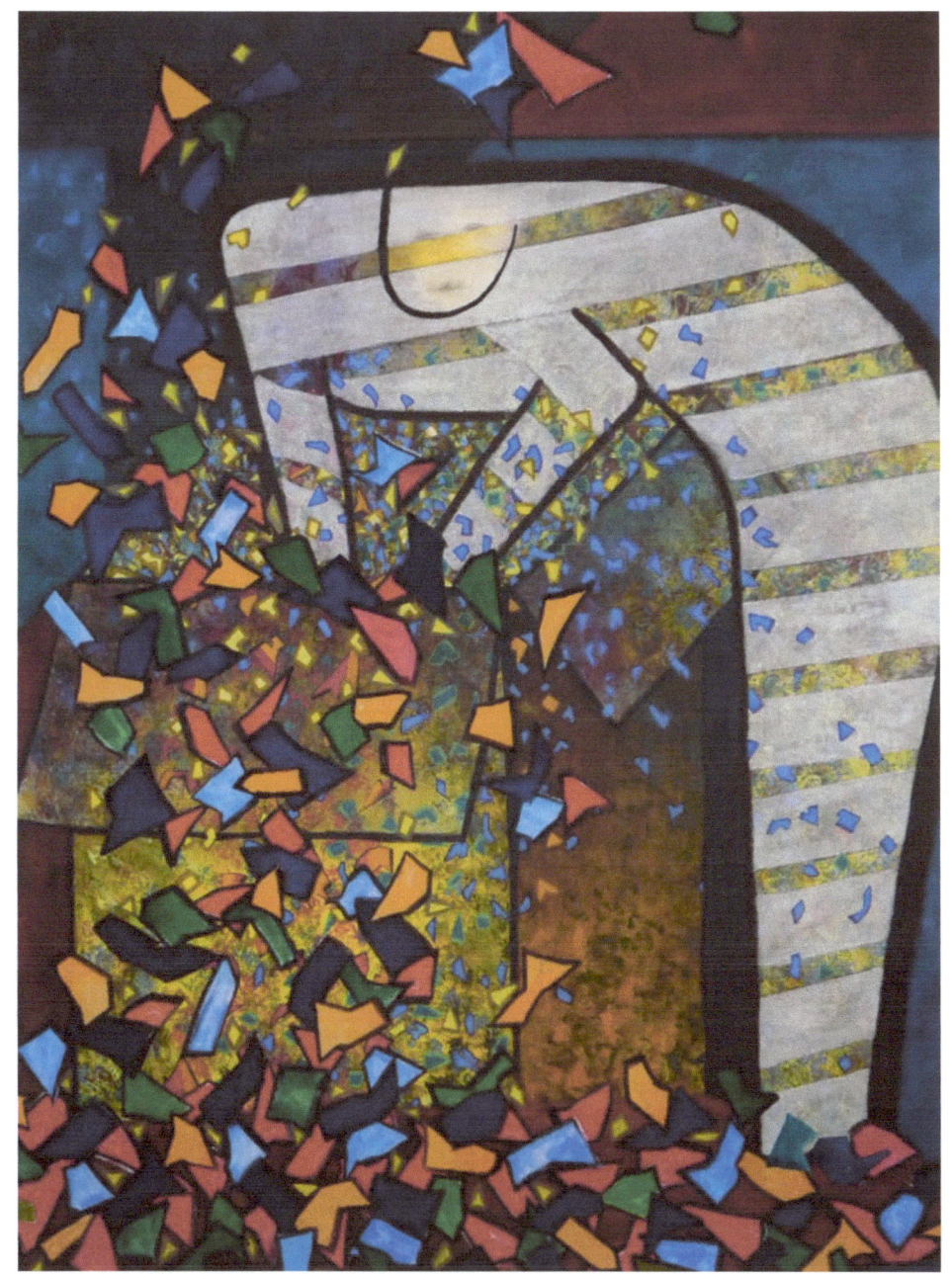

„Homo sum – omnia mecum porto mea"

Ich bin Mensch – alles das Meine trage ich in mir

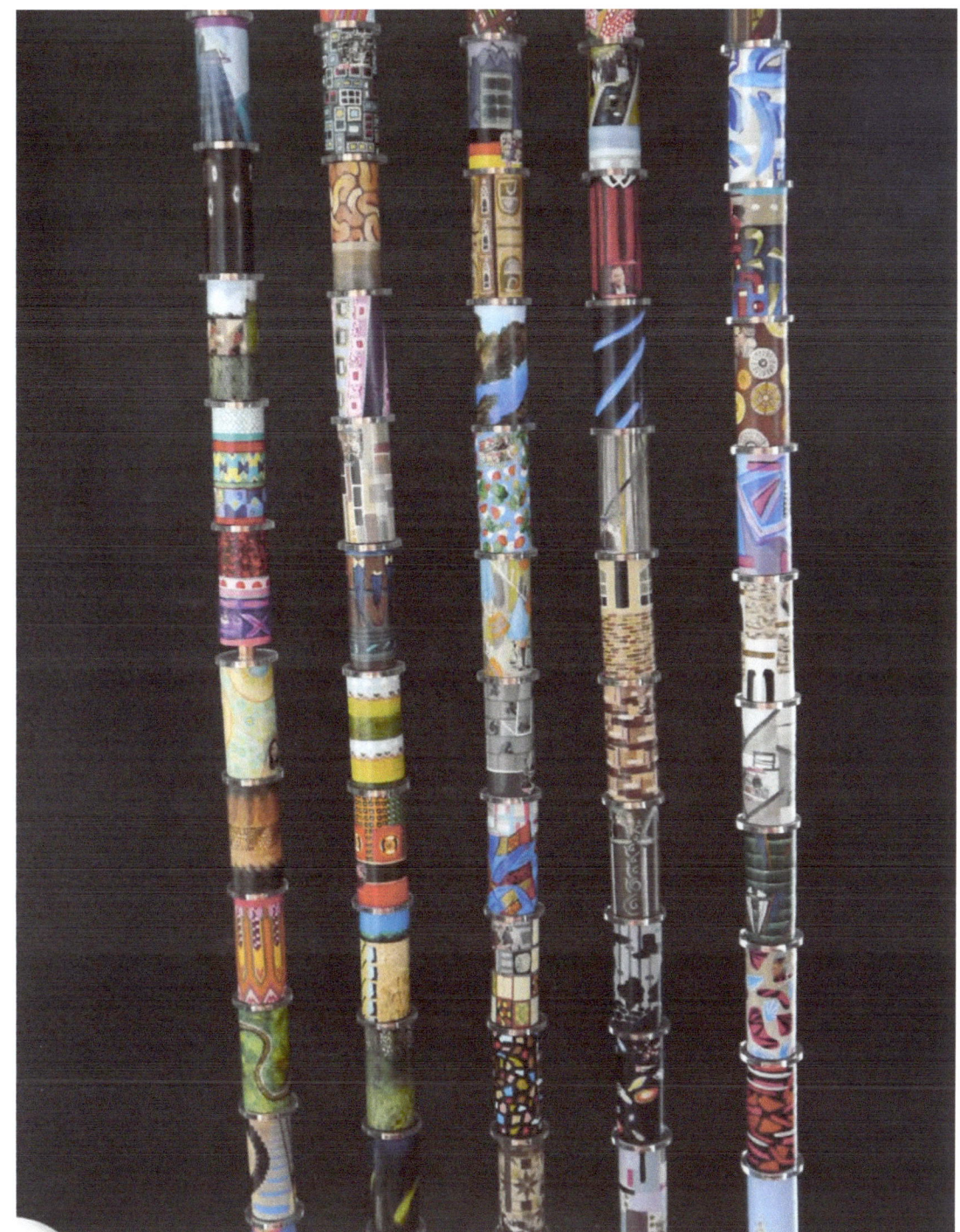

Lichtblicke

Elena Knapp

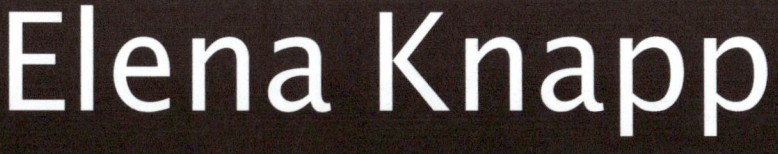

Geburtstag und -Ort: 24.11.1971 in Perm/ Russland

1995 Abschluss des Music College in Perm als Sängerin.

1999 Abschluss (Graduate) Staatliches Konservatorium des Urals, Jekaterinburg.

1997 bis 1999: Solistin des Staatliche akademischen Theaters für Oper und Ballett, Perm.

1999 bis 2002: Solistin „Young Opera Singers Academy of Mariinsky Theatre" (Prof. Larissa Gergieva), St. Petersburg.

Ab 2002: Solistin des Staatliche akademischen Oper- und Ballettheaters M. Mussorgsky, St. Petersburg.

2004 Nationaloper Sofia: G. Verdi, „Il Trovatore" (Azucena)

Ab 2008: Solistin des Opern- und Ballettheaters des Rimski-Korsakov- Konservatoriums, St. Petersburg.

  -A. Vivaldi, „Juditha Triumphans" (Holofernes) unter der Leitung von S. Stadler

  -Ch. W. Gluck, „Orphée" (Orphée) in der Redaktion von H. Berlioz für Paulina Viardo, Leitung: S. Stadler

Seit 2008 lebt sie in Deutschland

2012, 2013 und 2014: Solistin im Open Air Festival „All Together Opera", St. Petersburg

  -M. Glinka „Das Leben für den Zar" (Wanja), Dirigent: F. Mastrangelo

  -G. Verdi „Il Trovatore" (Azucena), Dirigent: S. Stadler

  -N. Rimski-Korsakow „Der goldene Hahn" (Amelfa), Dirigent: F.   Mastrangelo

  -P. Tschaikowski „Pique Dame" (Die Gräfin), Dirigent: O.Weder

Konzerte in Deutschland, Spanien, Schweiz.

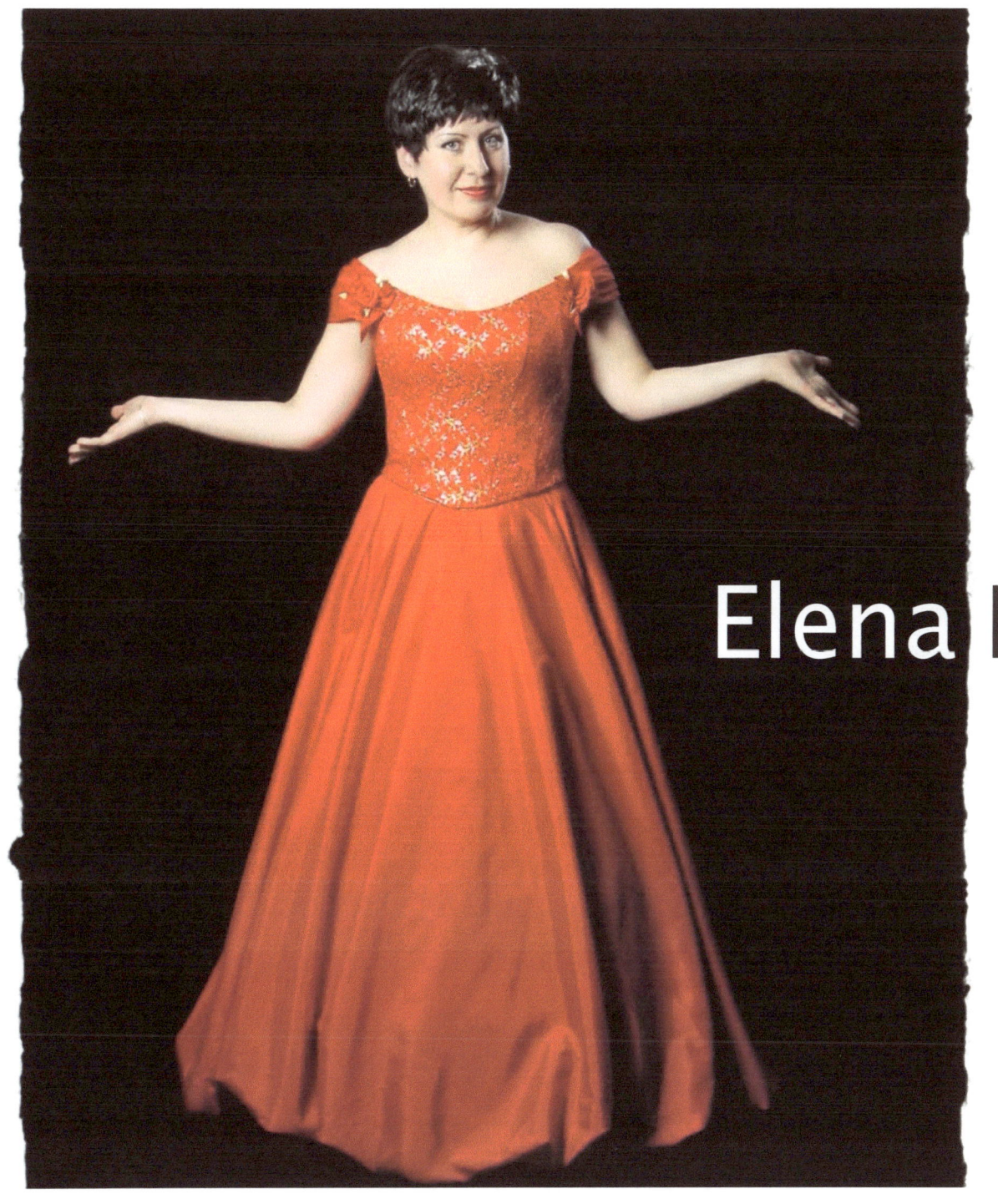

Elena Knapp

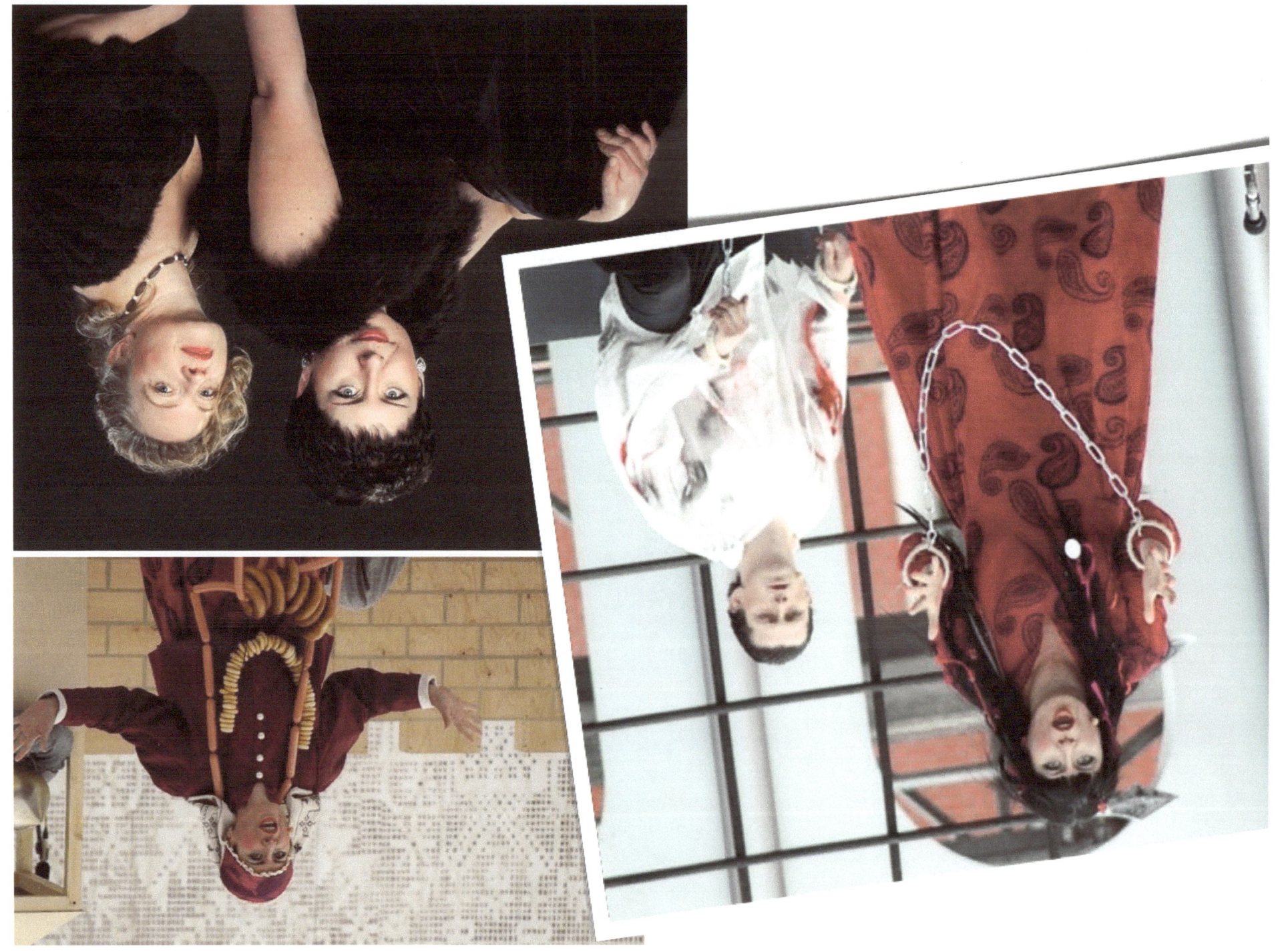

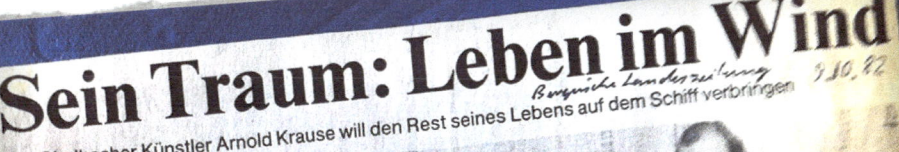

Sein Traum: Leben im Wind

Bergische Landeszeitung 3.10.82

Der Gladbacher Künstler Arnold Krause will den Rest seines Lebens auf dem Schiff verbringen

VON KARIN M. ERDTMANN

kme Bergisch Gladbach. Die finanziellen Voraussetzungen sind denkbar schlecht, und die Arbeitsbedingungen lassen mehr als einiges zu wünschen übrig. Aber dennoch ist das, was da unter einer Plastikplane am Stadtrand von Köln entsteht, ein weltweit einmaliges Projekt.

Der Gladbacher Künstler Arnold Krause baut seit Jahren an einem Doppelrumpfboot, dem sogenannten Katamaran. Das größte Boot dieser Art, das — wie er selbst sagt — „jemals weltweit von einem Laien konstruiert und mutterseelenallein gebaut wurde."

„Und dabei ist das Prinzip der Mehrrumpfboote jahrhundertealt. Schon die Polynesier besegelten mit ihren im Vergleich zu heutigen Verhältnissen primitiven „Doppel-Kanus" den gesamten pazifischen Raum und drangen sogar bis ins antarktische Polargebiet vor.

„Die sehr leichten Boote sind extrem seetüchtig", erklärt Krause, „und können, wenn sie vernünftig gebaut sind, auch den Wellen ausweichen." Und: last not least sind Katamarane und „Trimarane" (ihre „drei rümpfige" Entsprechung) oftmals schneller als ein normales Einrumpfschiff und können Geschwindigkeiten erreichen, die manche Rennjolle erblassen lassen.

kriegs schließlich entdeckten drei amerikanische Soldaten die klassischen Boote im Pazifik und beschlossen, das Prinzip zu modifizieren. 1946 entstand schließlich die „Manu Kai", der erste moderne Katamaran aus Sperrholz. Bis in die heutige Zeit wurde diese Bootsklasse dann so entwickelt, daß sie seit 1981 auch den Weltrekord unter Segeln hält und heute sogar Eingang in konservative Seglerkreise findet.

Bei Arnold Krause brauchte diese Begeisterung jedoch gar nicht erst geweckt zu werden. Schon als Kind interessierte er sich für Schiffe und verzierte seine Schulbücher mit phantastischen Konstruktionszeichnungen à la Jules Verne.

Nach dem Besuch der Kölner Kunstschule, wo er sich als Maler und Grafiker weiterbildete, suchte der gebürtige Kölner eine Job — natürlich immer in Flußnähe, denn der Bootsbau war fortan beschlossene Sache. 1972 gelang es ihm gar, eines seiner Bilder gegen einen Schlauchboot-Katamaran einzutauschen, in dem der Künstler zusammen mit seiner Frau zur Hochzeitsreise an die sardische Küste aufbrach.

Dennoch verschlug es ihn eines Tages nach Gladbach. Zusammen mit seiner Frau wagte er 1978 den „Sprung ins kalte Wasser", verwandelte das Wohnzimmeratelier zur Hobby-Werft und lagerte die fertigen

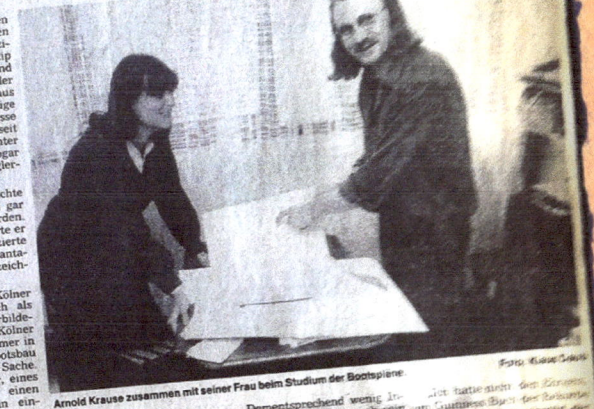

Arnold Krause zusammen mit seiner Frau beim Studium der Bootspläne

Dementsprechend wenig Interesse fand bisher auch sein Bootsbau-Projekt. Sponsoren meldeten sich bis heute nicht und auch aus dem Freundes- und Bekanntenkreis kommt wenig Unterstützung. Der „Seevagabund in spe" fühlt sich jedoch nicht als Aussteiger.

denkbar schlechten Bedingungen. Im Winter machen ihm Kälte und Sturm zu schaffen, und im Sommer klettern die Temperaturen unter dem Zeltdach nicht selten auf 65 Grad Celsius, was ihn vor allem bei Arbeiten mit Gasmaske unerträglich macht. Hinzu kommt noch der Schleifstaub aus Glas

Foto: Klaus Gaus

---

dreieinige schizophrenie
traumschaukeln mit den gezeiten
sehnen nach mondregenbogen
samenschwere wandert
zu unbefruchteten planeten aus
zur verwirrung der botanik
und zum ärger
der klassischen landvermesser
opfere allen göttern
an die du nicht glaubst
einen verrosteten nagel
und die haut deiner feinde
zum hohn
drei stunden hinter den schatten
zerbierst dein eigenes gesicht
mehrmals nach dem goldenen schnitt
kalt und blutarm
konserviere deine tränen
in spiritus
– knüpfe einen rosenkranz aus ihnen
zur eigenen heiligkeit
denn du weißt
wer du bist
beinahe
ein wenig
wohne in pandorras verwaister büchse
bis zur auferstehung der maden
dann verbrüdere dich mit dem teufel
– verklage den gott
mit dem weißen bart
auf zahlung der fälligen alimente
doch nimm nichts geschenkt
schmeiß ihm seine gnade ins gesicht
verhure dein erbe
du lebst
und bist also kain
der verstoßene
zeichen an deiner stirn
erkennst du nicht
im erblindeten spiegel
doch du ahnst sie
denn du hast dich erschaffen
nach deinem ebenbild
du hast es sintfluten lassen
weil dein werk unvollkommen ist
wie der weg
es regnet also
tropfen für tropfen
verfault die hohle seelenarche
im meer deiner augen

arnold krause

---

an nirgendwo

opium verbotener traumirrgänge
malaria im gedankendschungel
fleischfressende pflanzen
zerfallen zu süßem giftstaub
wenn sie ihre opfer verdauen
hirnstauden wuchern der sonne entgegen
verdorren im licht
dädalus – genie des labyrinths

Arnold Krause

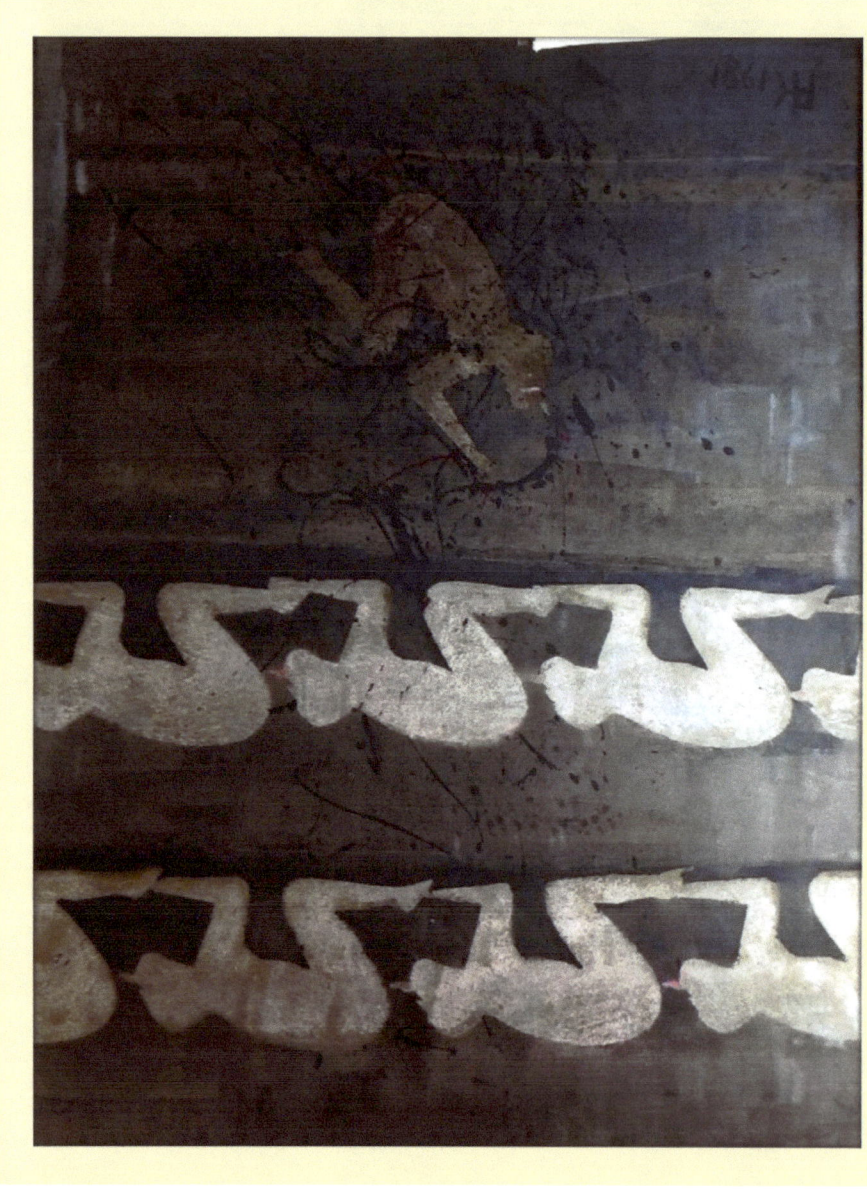

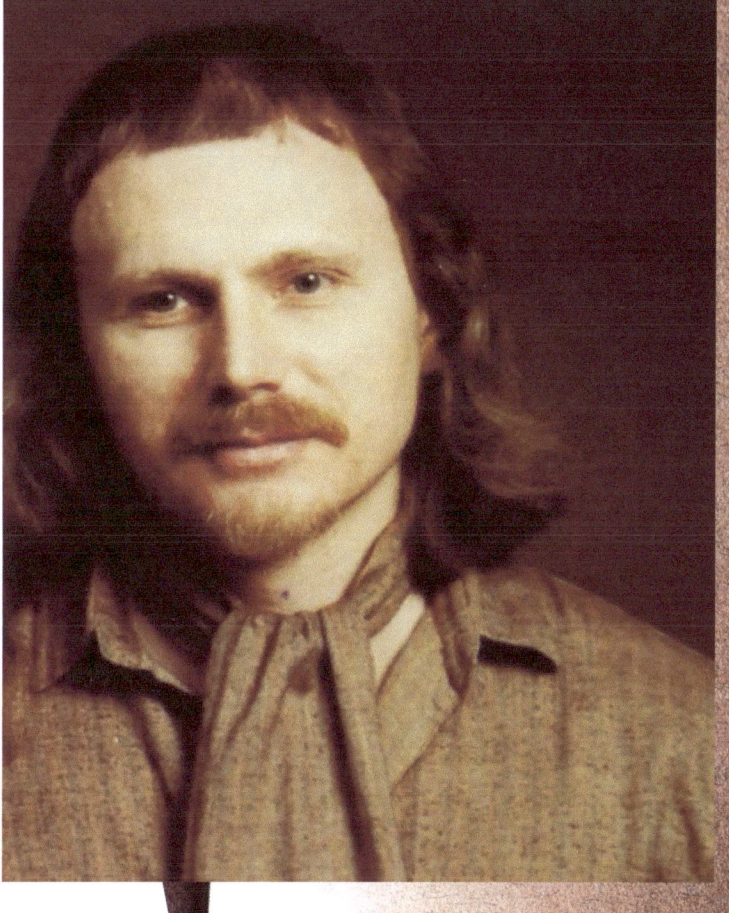

Arnold Krause

**arnold krause
über sich selbst:**

1948, am 22. juli,
soll ich zu köln am rhein
die dunkelheit dieser welt
erblickt haben.
1949, ohne erinnerung.
1950, mit scharlach
lange im krankenhaus gelegen.
daher die abneigung

1950 — mit den großeltern,
1955 mit spielzeugkarren und
hund micky
über die rheinischen dörfer
von kirmes zu kirmes gezogen.
1955, macht die einberufung zur
zwangsarbeit, zur schule, abrupt
diesem leben ein ende.
1957 — während des unterrichts
1966 schiffe konstruiert und
schulbücher verziert.
durch solcherlei ablenkung
schulzeit
ohne größeren schaden
überstanden. zwischendurch,
1964, beschlossen,
niemals erwachsen zu werden.
1966, erkannt,
niemals kind gewesen zu sein.
1967, ein jahr der kompromisse:
beim arbeitsamt
wegen lehrstelle als seeräuber
nachgefragt — erfolglos:
folglich:
kreuz und quer
durch norwegen, schweden und
finnland getrampt.
1967 — kunststudium
1971 erwählt, begonnen und durch-
gestanden. professoren — einige
staatspensionäre, studien-
kollegen — mehrere interessant.
zwischendurch:
1968, studienreise nach recklinghausen,
1969 untätig als bauhilfsarbeiter,
ff 4 tage tätig als schauermann,
2 jahre bei einem zeitungsverlag
schach gespielt und gezeichnet.
1971, die ersten bilder verkauft,
das geld
in sardinien, korsika und paris
verjubelt.
1972 — werktätig als siebdrucker
1973 und schließlich als papierprüfer,
1974, neujahr gefeiert
und geheiratet.
gründung der gruppe „dreika".
förderung durch die stadt

Krause-Kunst beschäftigt Justiz

„Prangerbrief" wurde als versuchte Erpressung gewertet — Ermittlungen laufen noch

Von unserem Redakteur
Arthur Lamka

Bergisch Gladbach — Er fühlt sich von der Justiz und der Polizei in seinem künstlerischen Tun verfolgt und verfaßte deshalb einen „Hilferuf" an zahlreiche Medien. Gegen den Bergisch Gladbacher Künstler Arnold Krause, 35, dem die Stadt 1981 in der Villa Zanders eine Ausstellung einräumte und einen begleitenden Katalog finanzierte, wird indessen ermittelt, weil die Justiz das, was Krause Kunst nennt, als versuchte Erpressung wertet.

Der Künstler nimmt für sich in Anspruch, daß er „mit neuen Ausdrucksformen experimentiere, die der Mail- und Konzeptkunst zuzuordnen sind und die ich selbst unter der Bezeichnung Prangerbriefe zusammenfasse." Die durch seine Briefe provozierten schriftlichen Reaktionen zu sammeln und im Zusammenhang auszustellen, dies ist für Krause ein künstlerisches Projekt. In der städtischen Ausstellung waren seiner Zeit solche Objekte zu sehen, u.a. „Blätter aus Knast und Bundestag". Allerdings gab es auch damals bereits Ärger: aus rechtlichen Gründen entfernte der Kulturdezernent einen der sogenannten „Prangerbriefe" und ließ auch im Katalog in der Abbildung dieses Objektes Stellen schwärzen. Das Schreiben war an einen seiner früheren Arbeitgeber gerichtet und enthielt zwar wenig schmeichelhafte Äußerungen über diesen, aber trotzdem die Aufforderung zur Mitwirkung an dem „Kunstprojekt" durch Reaktion.

Was dem Arnold Krause jetzt erneut Unbill eintrug und Staatsanwalt und Polizei mobil machte, war ein ähnliches Schriftstück, wieder an einen seiner früheren Arbeitgeber gerichtet. Er nennt ihn darin einen „schamlosen und uneinsichtigen Menschen", kündigt ihm an, daß er gerade ein Buch schreibe, in dem er „gar nicht gut wegkomme" und meint mit arglosem Gemüt: „Sollte aber wider Erwarten ein altersbedingter Reifeprozess dazu geführt haben, daß Sie nun doch Wert auf eine gewisse Charakterhygiene und ein entsprechendes Erscheinungsbild legen, so gebe ich Ihnen Gelegenheit, Großmut dadurch zu beweisen, daß Sie mir gegenüber — sozusagen als Wiedergutmachung — nun einmal als Sponsor in Erscheinung treten. Dabei geht es mir gar nicht so sehr um die Höhe Ihrer etwaigen Spende… Um endlich von hier abhauen zu können, fehlt mir noch die Ausrüstung für mein Boot…"

Besuch von der Polizei

Statt einer Spende bekam Krause jedoch Besuch von der Polizei, die im Auftrag der Staatsanwaltschaft ermittelte und mit einem richterlichen Hausdurchsuchungsbefehl ausgestattet war zur Auffindung von Beweismitteln, wie einer Schreibmaschine. Künstler Krause nennt das Vorgehen von Justiz und Polizei „so lächerlich, daß die ganze Aktion schon an Peinlichkeit grenzt", spricht gar von „Ermittlungsterror" gegen sich. Der Kripochef hatte indessen, wie zu erfahren war, seine Gründe, weshalb er mehrere Beamte mit den Ermittlungen in der Wohnung Krauses beauftragte. Die Kripo stellte fest, daß alles ordnungsgemäß abgelaufen sei, daß man den Betroffenen zur Vernehmung zur Dienststelle im Kreishaus brachte, wie dies in vielen Fällen geschehe, und es habe keine Veranlassung gegeben, ihn wieder nach Hause zu fahren. Krause selbst fühlte sich „wie ein Krimineller erkennungsdienstlich behandelt". — „Und das alles, bloß weil sich jemand über einen meiner Briefe geärgert hatte", wundert er sich, „ich wollte den doch nur mal an der Nasenspitze kitzeln." Dieser Jemand hatte jedenfalls in dem Schreiben keinen künstlerischen Prozeß erblicken können, sondern Strafanzeige erstattet. Kunst hin oder her: für den Staatsanwalt lag, wie zu hören war, der objektive Tatbestand einer versuchten Erpressung vor. Die Ermittlungen sind, wie zu erfahren war, noch nicht abgeschlossen, so daß die Frage, ob es zur Erhebung einer Anklage und einem Prozeß kommen wird, noch völlig offen ist.

Für Krause ist das Ganze wieder nur ein Beitrag zur Mail- und Konzeptart nach seiner Devise: „Alle registrierbaren Reaktionen auf mein Ausgangsschreiben, nachfolgend wiederum meine Stellungnahmen und so fort werden gesammelt und ausgestellt" (Katalog). So werden denn auch wohl zum erstenmal ein richterlicher Durchsuchungsbefehl und Schriftstücke von Ermittlungsbehörden, soweit sie ihm zugänglich gemacht werden, von ihm in den Rang von Kunstwerken erhoben. Wenn er aber weiterhin so wenig Erfolg mit seinen Kunstprojekten wie den „Prangerbriefen" hat, dann dürfte es wohl noch eine Weile dauern, bis er mit seinem Riesenkatamaran den der Krause-Kunst so unverständig gegenüberstehenden Zeitgenossen mit ihrem „raffgierigen Spießertum" davonsegeln kann.

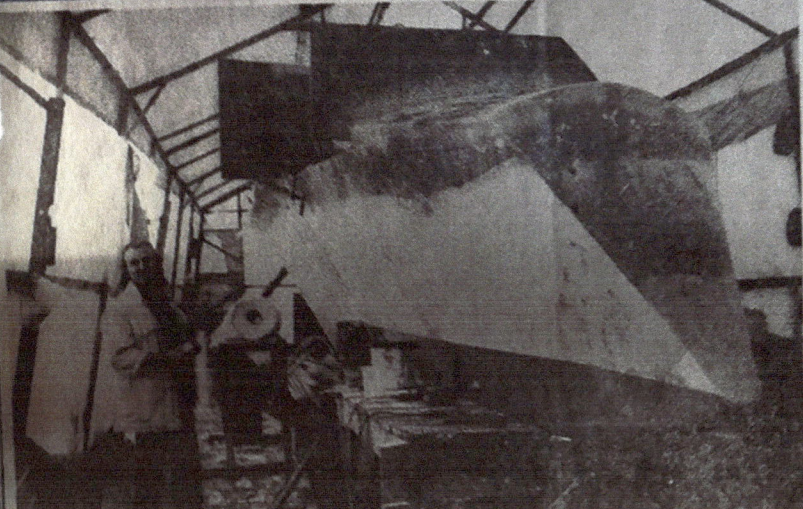

MIT „PRANGERBRIEFEN" SPONSOR GESUCHT UND NICHT GEFUNDEN: Künstler Arnold Krause mit seinem selbstgebauten Riesenkatamaran.
Bild: Albert Günther.

28/29. 1. 1984 KStA (Bergisches Land)

eigentlich

eigentlich wollte ich groß werden
doch mehr als einsachtzig schaffe ich nicht
eigentlich wollte ich berühmt werden
doch für euer verständnis
lohnt sich der ganze zirkus nicht
eigentlich wollte ich auch noch ein
besserer mensch werden
doch keine angst
ich beschäme euch lieber nicht
ja eigentlich wollt ich immer so wie ich
bin werden
— aber meistens paßt euch das nicht

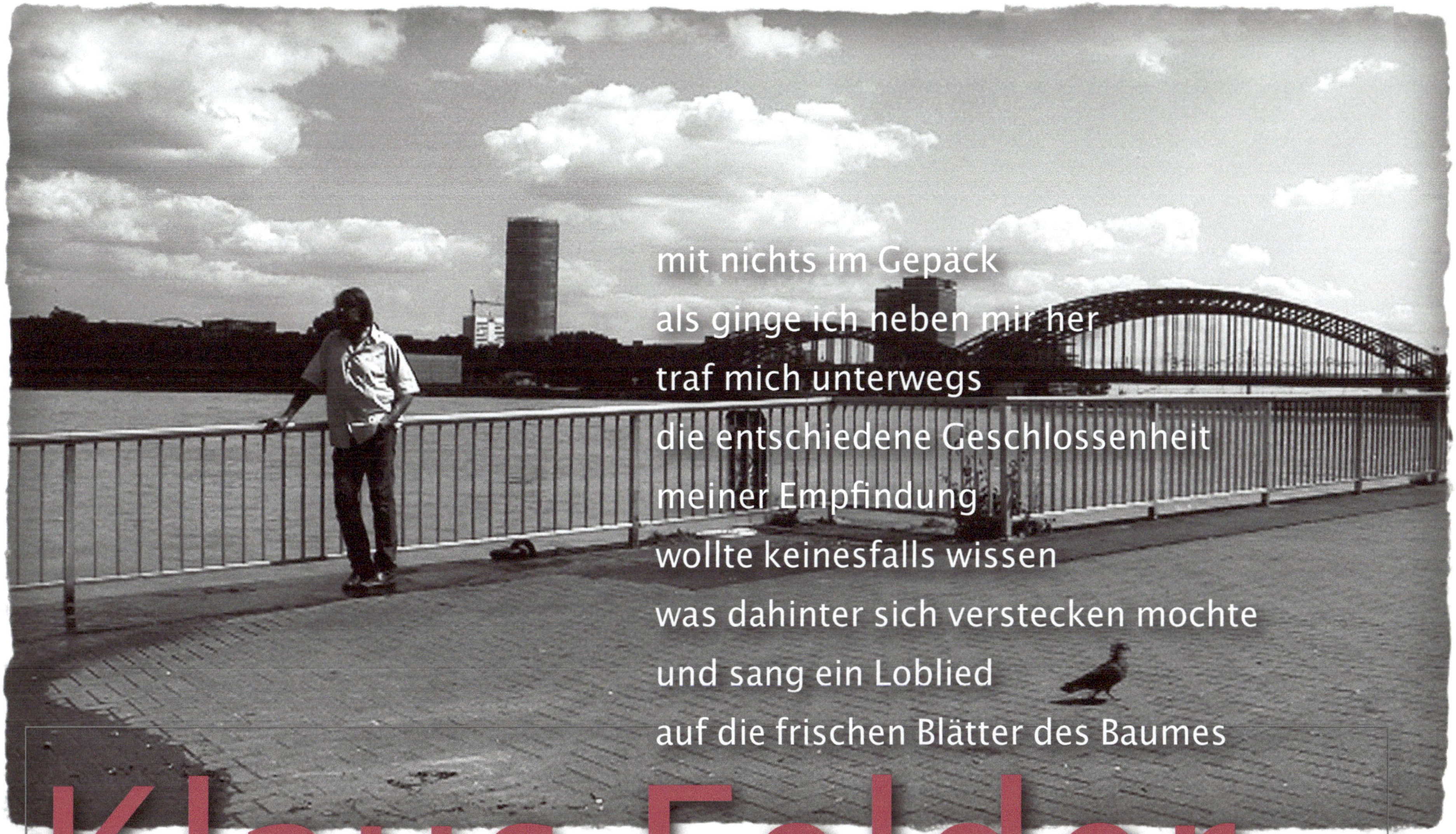

mit nichts im Gepäck

als ginge ich neben mir her

traf mich unterwegs

die entschiedene Geschlossenheit

meiner Empfindung

wollte keinesfalls wissen

was dahinter sich verstecken mochte

und sang ein Loblied

auf die frischen Blätter des Baumes

Klaus Felder

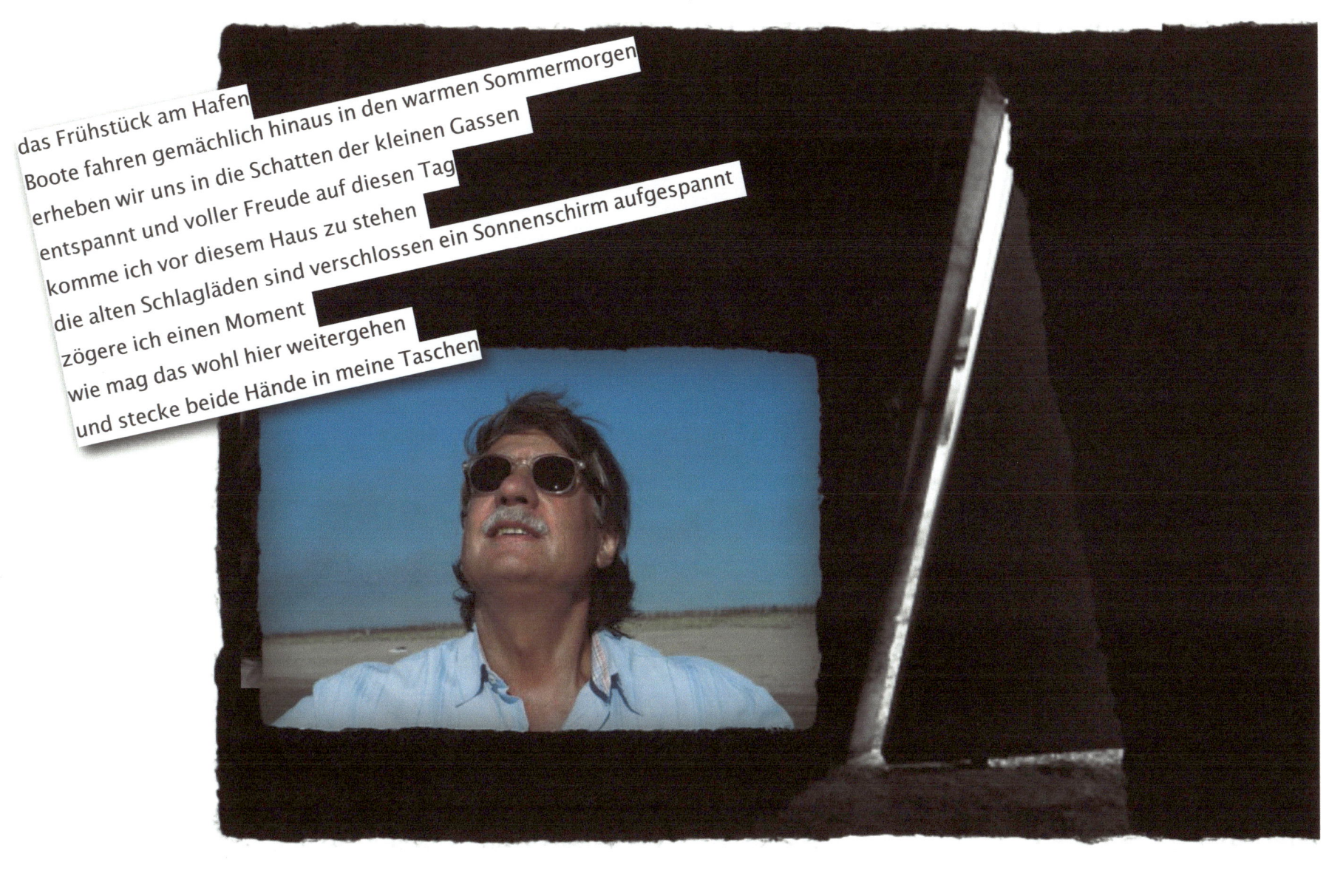

das Frühstück am Hafen
Boote fahren gemächlich hinaus in den warmen Sommermorgen
erheben wir uns in die Schatten der kleinen Gassen
entspannt und voller Freude auf diesen Tag
komme ich vor diesem Haus zu stehen
die alten Schlagläden sind verschlossen ein Sonnenschirm aufgespannt
zögere ich einen Moment
wie mag das wohl hier weitergehen
und stecke beide Hände in meine Taschen

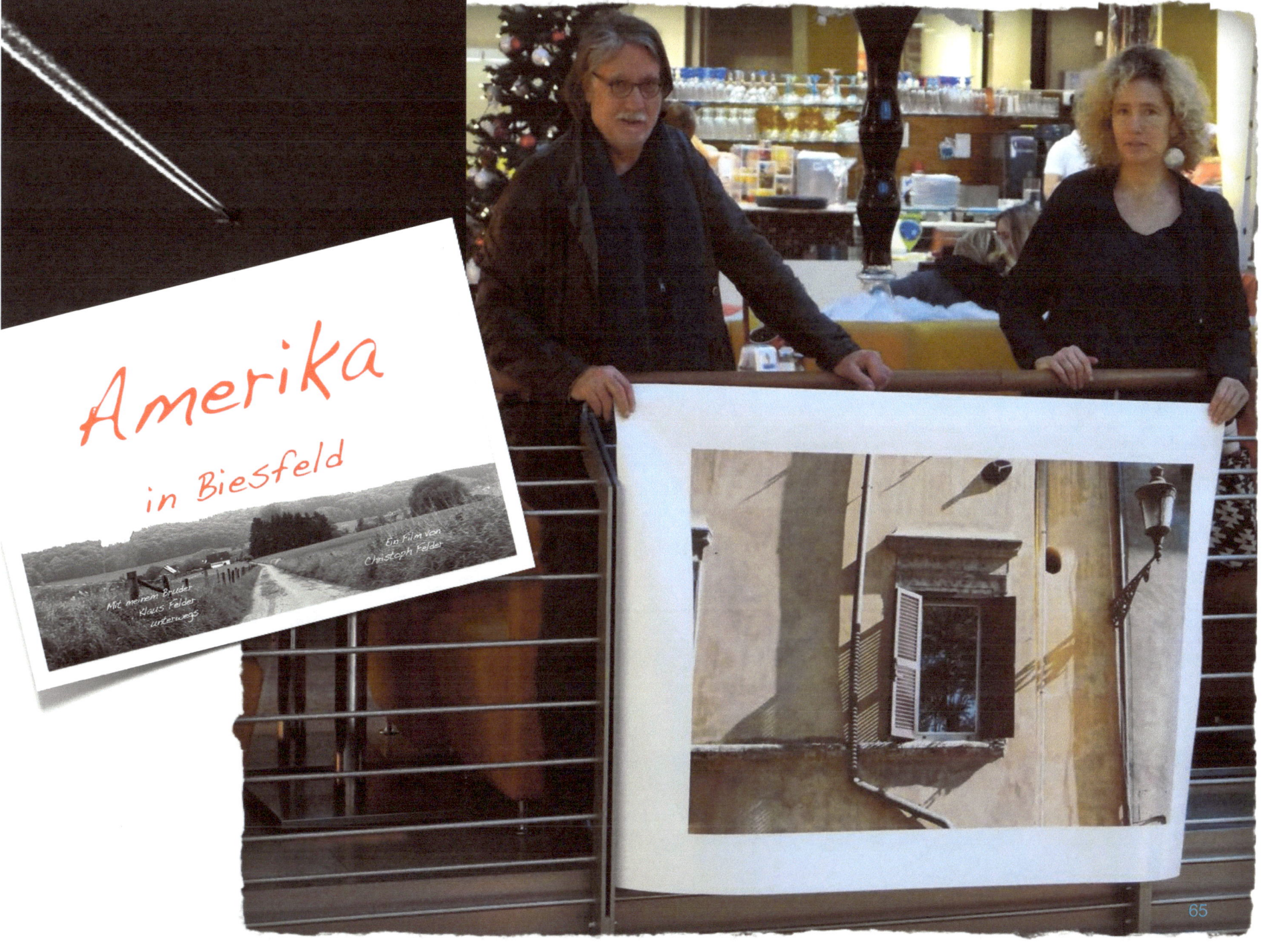

Amerika
in Biesfeld

Ein Film von
Christoph Felder

Mit meinem Bruder
Klaus Felder
unterwegs

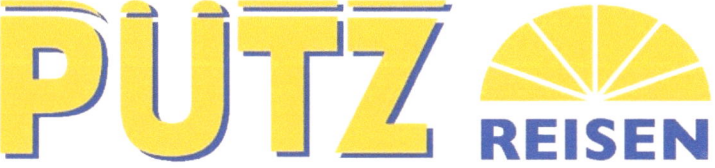
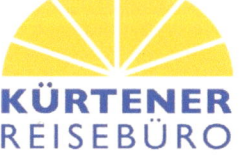
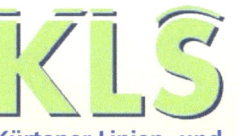
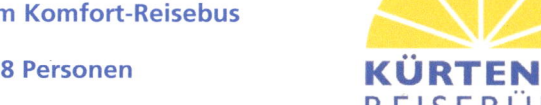
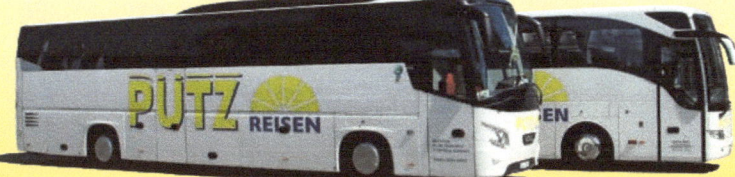

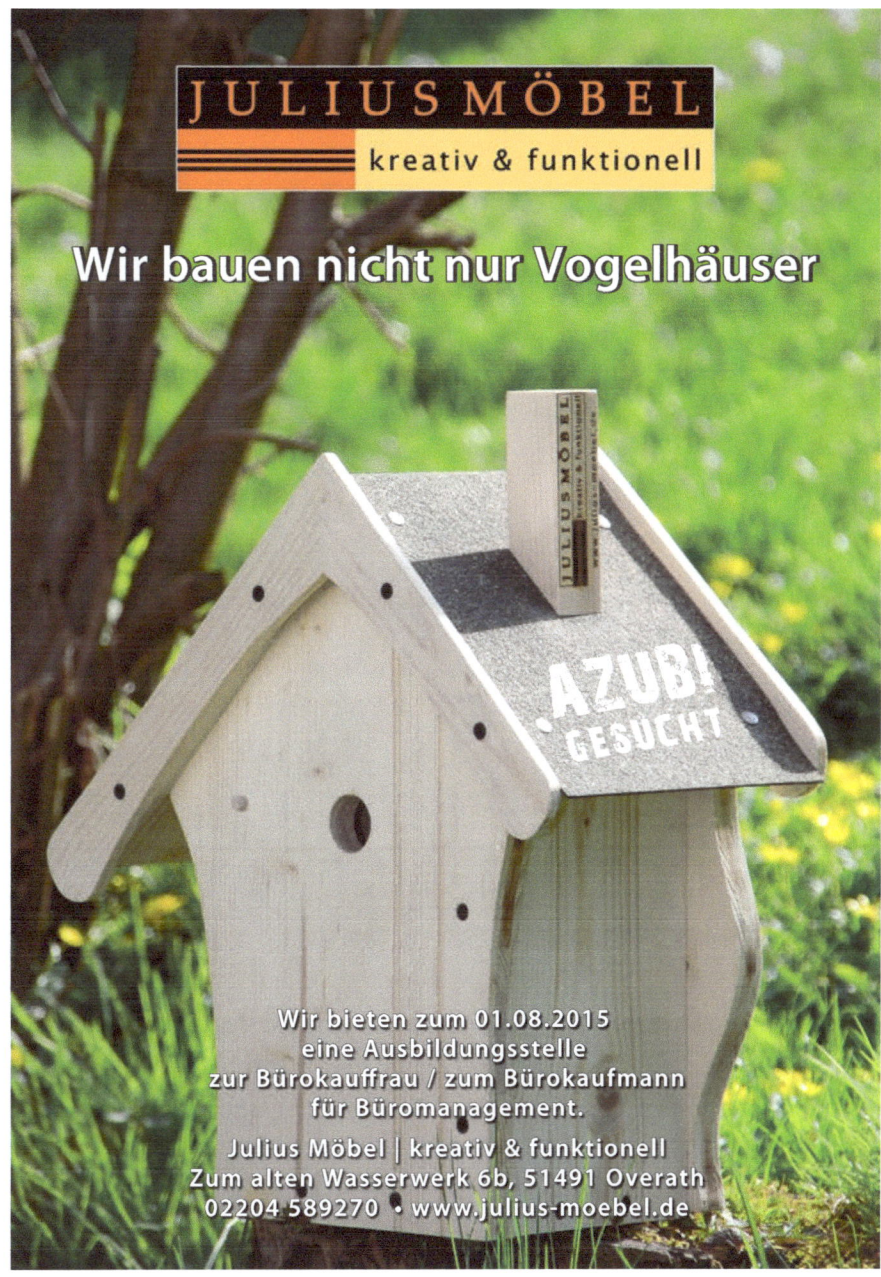
Ausstellung vom 29.4.2015 bis 9.5.2015
in der RheinBerg-Galerie Bergisch Gladbach

Barbara Stewen, Maria Schätzmüller-Lukas, Liza Lisa, Rolf Stolz, Günther Paffrath, Leslie Wist, Alexandra Felder, Jörg Küster, Klaus Felder, Art Pauly, Antonia Schilling, Friedrich Stefan Meis, Christine Kremer, Ulrike Scherer. La Voce, Odo Rumpf, Jens Zimmer, Arnold Krause, Elena Knapp

GRUPPE NEUN e. V.

VEREIN FÜR KUNST & KULTUR IM BERGISCHEN
www.gruppe-neun.jimdo.com
Jetzt Mitglied werden
Marienstr. 5, 51491 Overath
Tel. 02204 979834
http://gruppe-neun.jimdo.com

"Der wahre Sinn der Kunst liegt nicht darin, schöne Objekte zu schaffen. Es ist vielmehr eine Methode, um zu verstehen. Ein Weg, die Welt zu durchdringen und den eigenen Platz zu finden. Kunst gibt der Seele Nahrung." (Paul Auster, *1947)

∞

Pütz-Roth, Kürtener Str. 10, (02202) 9 35 80, www.puetz-roth.de

PÜTZ~ROTH

(ohne Titel) Peter Reichenberger